马克思主义学生读本

什么是社会主义核心价值体系？

丛书主编：韩喜平
本书著者：刘梅敬

编　委　会：韩喜平　邵彦敏　吴宏政
王为全　罗克全　张中国
王　颖　石　英　里光年

吉林出版集团股份有限公司

图书在版编目（CIP）数据

什么是社会主义核心价值体系？/ 刘梅敬著. -- 长春: 吉林出版集团股份有限公司, 2012.12（2021.2重印）
（马克思主义学生读本）

ISBN 978-7-5534-1161-3

Ⅰ.①什… Ⅱ.①刘… Ⅲ.①社会主义建设—价值论—中国—青年读物②社会主义建设—价值论—中国—少年读物 Ⅳ.①D616-49

中国版本图书馆CIP数据核字(2012)第291575号

什么是社会主义核心价值体系？
SHENME SHI SHEHUI ZHUYI HEXIN JIAZHI TIXI?

丛书主编：韩喜平
本书著者：刘梅敬
项目策划：范中华　徐树武
责任编辑：金　昊
出　　版：吉林出版集团股份有限公司
发　　行：吉林出版集团社科图书有限公司
电　　话：0431-81629720
印　　刷：永清县晔盛亚胶印有限公司
开　　本：710mm × 960mm　1/16
字　　数：100千字
印　　张：12
版　　次：2012年12月第1版
印　　次：2021年2月第4次印刷
书　　号：ISBN 978-7-5534-1161-3
定　　价：36.00元

序　　言

习近平总书记指出，青年最富有朝气、最富有梦想，青年兴则国家兴，青年强则国家强。青年是民族的未来，“中国梦”是我们的，更是青年一代的，实现中华民族伟大复兴的“中国梦”需要依靠广大青年的不断努力。

要提高青年人的理论素养。理论是科学化、系统化、观念化的复杂知识体系，也是认识问题、分析问题、解决问题的思想方法和工作方法。青年正处于世界观、方法论形成的关键时期，特别是在知识爆炸、文化快餐消费盛行的今天，如果能够静下心来学习一点理论知识，对于提高他们分析问题、辨别是非的能力有着很大的帮助。

要提高青年人的政治理论素养。青年是祖国的未来，是社会主义的建设者和接班人。党的十八大报告指出，回首近代以来中国波澜壮阔的历史，展望中华民族充满希望的未来，我们得出一个坚定的结论——实现中华民族伟大复兴，必须坚定不移地走中国特色社会主义道路。要建立青年人对中国特色社会主义的道路自信、理论自信、制度自信，就必须要对他们进行马克思主义理论教育，特别是中国特色社会主义理论体系教育。

要提高青年人的创新能力。创新是推动民族进步和社会发展的不竭动力，培养青年人的创新能力是全社会的重要职责。但创新从来都是继承与发展的统一，它需要知识的积淀，需要理论素养的提升。马克思主义理论是人类社会最为重大的理论创新，系统地学习马克思主义理论有助于青年人创新能力的提升。

要培养青年人的远大志向。“一个民族只有拥有那些关注天空的人，这个民族才有希望。如果一个民族只是关心眼下脚下的事情，这个民族是没有未来的。”马克思主义是关注人类自由与解放的理论，是胸怀世界、关注人类的理论，青年人志存高远，奋发有为，应该学会用马克思主义理论武装自己，胸怀世界，关注人类。

正是基于以上几点考虑，我们编写了这套《马克思主义学生读本》系列丛书，以便更全面地展示马克思主义理论基础知识。希望青年朋友们通过学习，能够切实收到成效。

韩喜平

2013年8月

目　录

引　言

从2002年10月开始，中央电视台每年推出的“感动中国”年度人物评选，在社会上均引起强烈反响。从人民公仆郑培民、航天英雄杨利伟、独臂英雄丁晓兵、爱心歌手丛飞，到乡邮递员王顺友、好军医华益慰、自立自强的优秀大学生洪战辉、70多年前参加长征的红军群体等，虽然他们的身份不同、经历不同，但他们的故事都让人热泪盈眶，震撼人们的心灵。在他们身上，我们看到了一种理想，一种精神，一种力量，他们以自己的行动从不同角度诠释了社会主义核心价值体系的真谛。那么，到底什么才是社会主义核心价值体系呢？社会主义核心价值体系主要包括四个组成部分：马克思主义指导思想、中国特色社会主义共同理想、以爱国主义为核心的民族精神和以改革创新为核心的时代精神、社会主义荣辱观。其中，马克思主义指导思想是灵魂，中国特色社会主义共同理想是主题，民族精神和时代精神是精髓，社会主义荣辱观是基础。四个主要组成部分互相联系，共同构成社会主义核心价值体系。

社会主义核心价值体系的意义非常重大。我们在课堂上、日常生活中，总会听到“坚持马克思主义指导思想”的说法。看似枯燥乏味，但事实证明，马克思主义指导思想具有非常大的魔力。我们党始终坚持着，并以此领导中华民族不断走向成功，而且，中华民族只有走社会主义道路才能成功。这个社会主义道路，必须是结合我们国家的具体情况的。也就是说，我们必须走有中国特色的社会主义道路。只有这样，我们才能实现中华民族的伟大复兴。在国家不断的发展过程中，我们也不能丢掉道德规范、道德底线。社会主义荣辱观的出现，解决了这一难题。在这个纷繁复杂的社会里，社会主义荣辱观为我们带来了判断是非的标准。

既然社会主义核心价值体系意义这么重大，那么，我们就应该把它落实到具体行动上。而且，社会主义核心价值体系看似枯燥，实际上离我们并不遥远，它就在我们身边。这需要全体社会成员共同行动起来，把社会主义核心价值体系融入到我们的生活中，同时营造一种良好的氛围，在一种宽松、和谐的环境下，学习践行社会主义核心价值体系。从而，使我们的国家越来越强大，最终实现中华民族的伟大复兴！

第一章　兼容并包，基础浓厚

任何一种思想文化都不是凭空产生的，它们都有自己的历史发展基础。而且，它们都继承与借鉴了其他的优秀理论。以此为基础，这些思想文化才逐步形成和发展。社会主义核心价值体系也不例外。它主要有三大理论来源：其一，中华民族几千年来所创造的优秀文化成果。它是中国各族人民世世代代所创造和积累起来的。其二，马克思主义是中国共产党的指导思想。它也是党一切工作的思想源泉。一百多年以来，马克思主义创立了社会主义价值观。它是社会主义核心价值体系的重要理论来源。其三，自从中国共产党成立以来，一方面继承了马克思主义的社会主义价值观，另一方面也对其进一步创新。几十年来，形成了中国共产党人所特有的核心价值观念。本章我们刨根问底，共同来追溯社会主义核心价值体系的理论来源。

第一节　继承中华优秀传统文化

数千年来，中华传统文化哺育着中华儿女。在当今社会，它依然是中华民族的文化底蕴，炎黄子孙世代相传。他们虽然遍布世界各地，但是心灵相通。因为他们都有着黑头发、黄皮肤，他们具有共同的外貌特征。更重要的是，中华优秀传统文化的纽带在发挥作用。中华民族传统文化历经数千年的积淀，气象万千，它拥有丰富的内容。在思想、哲学、教育、道德、艺术、地理、医药、科技、建筑等各个方面，都有其自己的特色。中华优秀传统文化的悠久与宏博，堪称一座包罗万象的文化宝库。社会主义核心价值体系便是以中华民族优秀传统文化为基础，结合新的时代要求所形成和发展起来的。

儒家文化在中华传统文化中具有特殊的地位。一方面，它不断顺应历史的变化，调整和发展儒家思想的内容。另一方面，吸收其他文化之精华，不断得以补充和完善。孔子、孟子、荀子等人奠定了儒学的理论基础，成为儒家文化的源头。经汉儒董仲舒的“罢黜百家，独尊儒术”，儒家文化取得了统治地位。在长达两千多年的封建社会中，儒家文化始终被统治阶级奉为国家的正统思想和理论。它的思想和理论渗透到人们社会生活的方方面面。儒家重视道德教育，重视道德修养，提倡“奋发立志”与“舍生取义”的献身精神。例如，孟子曰：“鱼，我所欲也，熊掌亦我所欲也；二者不可得兼，舍鱼而取熊掌者也。”意思是说鱼是我所想要的，熊掌也是我所想要的，这两种东西不能够同时得到的话，那么只有舍弃鱼而选择熊掌了，用此来说明生和义的选择。而且，儒家文化强调自我修养，对于如何发挥人性中光辉的一面、控制黑暗的一面，也有深刻认识和完美解答。儒学，对于社会主义核心价值体系的形成，具有重要的借鉴意义和参考价值。

道家文化是中华传统文化的重要组成部分。在中华民族心理、民族性格形成过程中，它起到了巨大的作用。同时，它也有利于民族凝聚力的形成。它强调济世利人、服务社会的社会责任感。所谓“仙道贵生，无量度人”，即强调任何个人都不能从自己的私利出发，不可为了自己的所得而危害他人，而应该以各种适宜的方式，图天下人的共同利益。道家文化强调崇尚节俭、摒弃奢华的生活态度。在现代化社会中，利欲熏心、权钱交易、贪污受贿等现象的存在，正严重扭曲着人的本性，破坏着人的平静心灵与和谐生活。如何改变这种社会现象，道家文化开出了一剂良方。道家提出“身重于物”。这里的“物”多指功名、权位、金钱、货财，意思是说生命才是最可贵的，做到不为外物（名、利）所累，才能潇洒走一回。这种观点，在现代文明中可以起到一种解酒剂、清醒剂的作用。人际关系有时因为冲突和权力之争激化，它便可以起到缓解作用。同时，也有利于树立淡泊名利的观念，维持个体生活的心理平衡。一定程度上，保证了社会的相对稳定。道家也强调事物、现象之间是相辅相成的，对立面会相互转化。老子“塞翁失马”的故事最能证明这种观点。道家还主张人们在改造自然的过程中，应充分认识并尊重自然规律，应与天地万物保持和谐。

墨家文化，也是中国传统文化的重要组成部分。其以墨子为代表人物。墨家文化对中国传统文化最重要的贡献，就是提出了“兼相爱、交相利”的社会政治主张。这一政治主张具有鲜明的伦理色彩。墨子认为社会的一切动乱、祸害、灾难、罪恶都是因为不“兼爱”而产生的。如何来改变这种状况呢？墨子坚信，只要普天之下人们都遵循“兼爱”，就必然会国泰民安，天下和平，达到乐园一般的完美境界。墨家文化中的“兼爱”，是处理个人与个人、个人与社会、家庭与家庭、国家与国家之间关系的最基本的道德准则。目前，我国正处于完善和发展社会主义市场经济体制、构建社会主义和谐社会的关键时期。在这样一个特殊阶段，我国公民应该具备一种什么样的道德水准，社会应该坚持一种什么样的伦理原则，我们可以从墨家“兼相爱、交相利”的原则中得到启示。因此，墨家文化所倡导的“兼相爱、交相利”思想对于社会主义核心价值体系具有重要的价值。此外，佛家文化对中国文化也有重要的影响。佛家文化最初是自东汉随着一种外来文化——佛教，从古印度传入中国。随之与中国的传统文化融为一体，从而形成了具有中国浓郁特色的一种传统文化。佛教文化影响了中国近两千年的历史，至今仍经久不衰。

由此可见，中华传统优秀文化发挥了巨大的作用，它滋养着社会主义核心价值体系，同时为其提供了借鉴和支撑。无论过去、现在和将来，社会主义核心价值体系都必须以中华民族历史文化的积淀为基础。同时，结合新的社会发展和时代要求，得以创造性的发展。博大精深的中华传统文化为社会主义核心价值体系的形成提供了丰厚的资源和肥沃的土壤。它促进了社会主义核心价值体系的建设。因此，它是社会主义核心价值体系的重要理论来源。

第二节　运用马克思主义价值观

通常来讲，价值观指一个人对周围事物的总评价和总看法。在价值观问题上，历来存在着两种根本对立的观点。一种是利己，凡事都要从自己的目的出发，考虑自己的利益；另一种是利人，“毫不利己，专门利人”，是对这种价值观的最好表述，它的意思是：丝毫不为个人利益着想，一心一意做有利于他人的事情。伴随着改革开放的到来，人们的思想也出现了多样化。于是，在价值观问题上，也呈现出多样化。除了利己和利人两种价值观外，也存在介于两者之间的观念。例如，有些人认为应以利己为基础，以利人为载体，强调利己利人的价值观；也有人认为应该利己但不损人，等等。在如此多的价值观背景下，我们应选择哪种呢？哪一种应当成为我国的核心价值观呢？必须肯定，我们是中国共产党领导的社会主义国家，马克思主义是我们党的指导思想。因此，我们的核心价值观必须符合马克思主义的基本精神。

马克思主义揭示了人类社会的发展规律——“两个必然”，即资本主义必然灭亡，社会主义必然胜利。社会主义是共产主义的低级阶段，是为共产主义奠定基础的阶段。那么，共产主义将是一种什么社会呢？马克思有过许多设想。在《马克思恩格斯选集》第1卷中，马克思认为，共产主义社会“将是这样一个联合体，在那里，每个人的自由发展是一切人的自由发展的条件”。意思是说，在共产主义社会，每个人都能得到自由、全面的发展。这也是共产主义的核心内容。马克思从人的本质出发，奠定了社会主义价值观的基础。

首先，马克思主义揭示了人的本质是劳动。人类社会之所以形成和发展，是因为劳动。人与动物的最根本区别是劳动。首先，劳动使人类从动物界分化出来。其次，劳动是整个人类生活的第一个基本条件。离开劳动，人类就不能生存下去。人们首先必须吃、喝、住、穿，就是说首先必须劳动，然后才能争取统治，从事政治、宗教和哲学，等等。再次，劳动意味着人类同自然界的关系。同时，也因为劳动而形成人与人之间的社会关系。最后，劳动是一切历史的前提和基础。马克思主义创始人正是从劳动出发，才形成了关于国家和革命、共产主义和人类解放等完整的理论。从劳动是人的本质来看，证实了劳动才是人的基本价值，从而，奠定了人的劳动价值观的基础。同时，说明了人的劳动才是社会进步的原动力。一个人只有积极参与劳动实践、创造财富、创造价值，才能证明自身的价值，才能推动社会的不断发展。

其次，马克思主义揭示了人的本质是社会关系的总和。上一段提到劳动是人的本质，劳动既体现人与自然的关系，也体现了人与人的社会关系。因此，劳动展现了人的自然属性和社会属性。人的社会属性是人在劳动过程中，所发生和发展起来的社会关系。虽然人的本质离不开同自然的关系，但是，社会环境也非常重要。人们生活在社会中，生活在群体中，进一步形成了政治的、道德的、法律的交往，各行各业之间也存在复杂交往。他们从不同侧面、不同层次体现着人的本质。人的本质是社会关系的总和，人是社会性的群体动物，人的价值不是从个人产生的。同时，人的价值也不是由孤立的个人证明的，因为人生活在社会关系之中，每个人的活动都要受到社会关系的制约。每个人的活动是不是有价值，也要看社会关系能不能承认。人生价值的实现，要看他能不能被社会所接受，是不是对社会起到了推动的作用。

最后，马克思主义在人的很多社会关系中，突出了生产关系。他们揭示了生产关系和生产力之间的关系，最终发现了人类社会的发展规律。所谓生产力，是人们利用自然、改造自然和生产物质资料的能力，它由劳动者和生产资料构成。所谓生产关系，是人们在生产物质资料过程中所形成的社会经济关系。它是最基本的社会关系，决定了其他社会关系。生产力决定生产关系，生产关系反过来作用于生产力。这是社会发展的客观规律。只有认识到社会的发展规律，才能真正把握人的本质，才能真正懂得自己的历史使命。人要创造财富，体现价值，必须顺应社会发展规律的要求。只有站在历史潮流的前面，推动历史前进，才是历史的创造者，才是有价值的。

综合以上观点，我们看出马克思主义价值观呈现三个层面。一是劳动是人的价值的基础；二是社会价值是人的价值的根本；三是衡量人的价值的最终标准，就是看其能不能推动社会历史的前进与发展。列宁是马克思主义的创始人之一，他是世界上第一个社会主义国家的缔造者，他对马克思主义价值观的继承和发展也做出了巨大贡献。列宁认为社会主义革命可以在一国或数国首先取得胜利。而且实践也证明，社会主义不是在西方发达国家首先取得了胜利的，而是在东方经济文化落后的国家首先取得了胜利的。于是，如何认识社会主义、如何建设社会主义、社会主义将是一个什么样的社会等问题被提上了日程。为了回答这些问题，列宁的社会主义价值观逐步形成。他主要结合俄国社会主义革命，从两方面来说明：一是怎样实现由资本主义向社会主义的过渡；二是怎样建设社会主义。这大大充实、丰富了马克思主义的社会主义价值观。

第三节　中国共产党的努力探索

中国共产党继承了马克思主义的社会主义价值观，而且，把人的全面发展作为社会主义价值观的基本内核，以建设中国特色社会主义为己任，在理论上提出“全心全意为人民服务”，是马克思主义社会主义价值观的创新者。中国共产党在实践中领导各族人民取得巨大成就。从而，推动了人的全面发展，推动了社会的进步。以毛泽东、邓小平、江泽民、胡锦涛、习近平为代表的中国共产党人进行了锲而不舍的艰辛探索，为社会主义核心价值体系的形成奠定了坚实的理论基础。

毛泽东同志提出了“为人民服务”。在毛泽东同志的政治生涯中，他始终认为，人民是历史的创造者，是胜利之本。党只有相信人民，依靠人民，同人民打成一片，才能立于不败之地。1942年《在延安文艺座谈会上的讲话》中，毛泽东同志第一次使用了“为人民服务”的科学概念。1944年，毛泽东同志又以《为人民服务》为题，写了纪念张思德同志的著名文章，阐明了共产党的宗旨是全心全意为人民服务。1945年4月23日，在党的七大开幕词中首次使用了“全心全意为人民服务”这一科学概念。1945年6月，在党章中第一次申明“全心全意为人民服务”这一共产党人的宗旨观。这一思想阐明了党同人民群众相互依存、不可分割的关系。同时，也揭示了党的力量源泉之所在。毛泽东同志曾从不同角度生动地把这种关系比喻为血肉关系、鱼水关系、种子和土地的关系、学生和先生的关系、儿子和父母的关系。这些比喻是很贴切并且富含深意的。新中国成立后，毛泽东同志仍然高度重视为人民服务的价值观。1963年3月5日，毛泽东同志向全国发出了“向雷锋同志学习”的号召。1964年，他又号召全国学习焦裕禄。他认为焦裕禄是全心全意为人民服务的好干部。这都使得为人民服务的价值观深入人心。同时，也为社会主义核心价值体系提供理论依据。

改革开放新时期，邓小平同志对价值观进行了创新。邓小平理论包含着极为丰富的价值观思想。它主要体现在五个方面：一是解放思想，实事求是。解放思想就是要冲破教条主义的束缚。实事求是就是要落在实处，废除“假、大、空”弊端。解放思想是实事求是的前提，实事求是是解放思想的目的。必须制止追求表面文章，不讲实际效果等形式主义。说空话、说大话、说假话的恶习必须杜绝。二是爱国主义。在党的十二大的开幕词中，邓小平同志说：“中国人民有自己的民族自尊心和自豪感，以热爱祖国、贡献全部力量建设社会主义祖国为最大光荣，以损害社会主义祖国利益、尊严和荣誉为最大耻辱。”爱国主义是一个国家和民族的灵魂，是维系国家和民族的纽带。三是集体主义。邓小平同志认为，国家、集体和个人的利益在根本上是一致的。如果有了矛盾，个人的利益要服从国家和集体的利益。而且，邓小平同志强调要通过先富带动后富，最终达到共同富裕。四是建设有中国特色社会主义。在党的十二大的开幕词中邓小平同志提出：“走自己的道路，建设有中国特色的社会主义。”1989年，邓小平同志在会见李政道时再次指出：“中国不搞社会主义不行，不坚持社会主义不行。如果没有共产党的领导，不搞社会主义，不搞改革开放，就呜呼哀哉了，哪里能有现在的中国？”邓小平同志认为，人生的最大价值，就是投身于建设有中国特色社会主义的伟大实践中。五是人民利益。他强调把人民利益作为制定各项方针政策的出发点。这些思想，都为社会主义核心价值体系提供了坚实的理论基础。

世纪之交，江泽民同志对社会主义价值观有了新发展。江泽民同志作为我们党第三代领导集体的核心人物，创造性地提出“三个代表”重要思想。归结起来就是，我们党必须始终代表中国先进生产力的发展要求，代表中国先进文化的前进方向，代表中国最广大人民的根本利益。江泽民同志指出：“对于当代中国共产党人来说，为建设有中国特色的社会主义而奋斗，为将来最终实现共产主义而奋斗，这是我们最崇高的人生追求。没有这样的理想、信念，就不可能成为一个真正的共产党员。”党的十六大以来，以胡锦涛同志为总书记的党中央进一步丰富和发展了我们党关于社会主义价值观的理论和实践。主要提出了科学发展观、构建和谐社会的价值观以及“八荣八耻”的道德价值观。

核心价值体系是一个政党的行动指南，也是一个国家的主心骨，一个民族的灵魂。社会主义核心价值体系，是全面建设小康社会、努力构建和谐社会进程中的根本指导思想。既继承、吸收中华优秀传统文化，又借鉴马克思主义价值观。同时，结合中国共产党关于社会主义价值观的思想，结合当今社会主义精神文明的本质特征。以此为理论基础，构建社会主义核心价值体系，从而形成全社会共同的理性信念和道德规范，也可以形成全民族奋发向上的精神力量和团结和睦的精神纽带。

第二章 顺应潮流，应运而生

随着改革开放进程的不断加快以及经济全球化的不断深入，人们价值观念的多样化趋势也越来越明显。在此背景下，确立什么样的主导价值观，就成为一个重要而且迫切的历史任务。党的十六届六中全会明确提出："建设社会主义核心价值体系，形成全民族奋发向上的精神力量和团结和睦的精神纽带。"这是我们党在总结历史发展经验的基础上做出的重要理论创新。这一创新是以对我国自身发展的最新状况和世界发展的新格局进行科学认识为基础的。就这一理论展开的时代背景而言，这是在"我们可以把当今的时代界定为社会主义与资本主义竞争共处、推动世界向前发展的时代"。深入分析和准确把握这个时代背景，有助于我们深刻地理解这一理论，赋予这一理论以深厚的历史感，进而有利于促进和推动这一理论在实践层面的展开。

第一节　中国社会快速转型

从1978年党的十一届三中全会开始，我国社会进入了一个转型时期。关于“社会转型”的含义，在我国社会学学者的论述中，主要有三方面的理解。一是指体制转型，即从计划经济体制向市场经济体制的转变。二是指社会结构变动，即一种整体的和全面的结构状态的过渡，而不仅仅是某些单项发展指标的实现。社会转型的具体内容是结构转换、机制转轨、利益调整和观念转变。在社会转型时期，人们的行为方式、生活方式、价值体系都会发生明显的变化。三是指社会形态变迁，即中国社会从传统社会向现代社会、从农业社会向工业社会、从封闭性社会向开放性社会的社会变迁和发展。这种社会转型不仅意味着经济结构、政治结构的转型，而且也意味着文化结构的转型。深刻的、大规模的社会转型，必然会引起文化传统的转向、价值观念的更新、人格模式的变换。

一、中国社会的快速发展提出新任务

改革开放以来，我国的经济和社会发展进入了快速发展的新阶段。我国的经济和社会全面进步、协调发展，既巩固了我国社会主义的物质基础，也改善了人民的生活。同时，为和谐社会的构建提供了有利条件。从经济方面来看，经济实力明显提高，

经济状况保持了良好的上升势头。我国不同区域、不同行业和部门之间所占的比重更加合理。国家的整体经济实力也得到了进一步加强，居民的消费水平也保持了较稳定的增长势头。伴随着社会主义市场经济的发展，我国的政治体制改革也进一步深化。政府的办事效率不断提高，党的执政能力也不断提升。公务员队伍的素质不断提升，业务水平也得到了规范。基层民主方面，“大学生村官”、村民自治、居民自治等基层民主形式，也不断制度化、规范化。伴随着经济的富足、政治的民主，带来了我国精神文化领域的可喜变化。文化生活日益丰富，不仅充实了人们的精神世界，也为文化产业的发展注入了巨大的活力，同时也推动了社会的和谐发展。

在充分肯定成就的同时，我们也应看到，出现的新矛盾、新问题。从当前我国的现状来看，仍然存在经济增长方式粗放的问题。这突出表现为能源消耗高、环境污染重。第一、第二、第三产业的结构调整比较缓慢。重工业特别是高耗能、高污染行业增长偏快。从政府自身建设来看，也存在一些问题。有些部门职责不清，办事效率低；公务消费不规范，奢侈浪费；脱离群众，贪污腐败。医疗、住房、教育、社会保障等局部问题依然存在，人民群众反响较强烈。虽然这些问题是局部的、暂时的，但是带来的影响却是非常大的。相关部门必须对这些问题引起足够重视。

案例一：西部大开发是我国中央政府的一项政策。它的目的是提高西部地区的经济和社会发展水平。同时，也可以巩固国防。西气东输、西电东送、青藏铁路等项目也逐步实现。“十一”黄金周期间，洛桑次仁一家从拉萨乘坐T28次列车来到北京，亲身体验了“鸟巢”、“水立方”的魅力。而曾在美国留学的李先生，则与他的同学们一道，乘火车进藏，游览了雪域高原的美丽风光。截至2008年6月30日，青藏铁路已迎送旅客282万人次，运送进出藏物资超过160万吨，为青海和西藏两省区经济社会发展注入了强劲的动力。

案例二：以村民自治为例。村民自治就是全面推进本村的民主选举、民主决策、民主管理、民主监督。民主选举就是由本村有选举权的村民依照法律法规规定的程序，直接选举村民委员会主任、副主任和委员；民主决策就是凡涉及全体村民利益的事项和村中的重大问题，都要提请村民会议或村民代表会议讨论决定，按多数人的意见办理；民主管理就是依据党和国家的方针政策，结合本村的实际情况，由全体村民讨论制定村民自治章程或村规村约，加强村民的自我管理；民主监督就是村里的重大事项和群众普遍关心的问题，都要向村民公开，接受村民的监督。目前，这一做法在我国得到广泛推广，是社会主义新农村建设的一个重要内容。

案例三：旅游和教育最能证明我国居民文化生活的变化。旅游作为新兴的文化消费方式，正在成为广受青睐的时尚潮流。

2006年全年入境人数12494万人次，比上年增长3.9%。其中，外国人2221万人次，增长9.7%；香港、澳门和台湾同胞10273万人次，增长2.7%。目前中国已是世界上第四大入境旅游接待国。“黄金周”措施的出台带给民众更多的闲暇时间，国内游市场的潜能得到巨大释放。2002年至2006年，教育的发展也是迅速的。以普通高校招生为例，五年时间内，我国普通高等教育招生数增加了209万人。2006年的招生人数是2002年的1.68倍，这个增长速度远远超过总人口的增长。其他各类教育也都实现了类似的发展。

案例四：2007年，国务院政府工作报告中指出，2006年，单位国内生产总值能耗由前三年分别上升4.9%、5.5%、0.2%，转为下降1.2%；主要污染物排放总量增幅减缓，化学需氧量、二氧化硫排放量由上年分别增长5.6%和13.1%，减为增长1.2%和1.8%。但是，全国没有实现年初确定的单位国内生产总值能耗降低4%左右、主要污染物排放总量减少2%的目标。

二、社会思想的多样化提出新问题

随着构建和谐社会实践的不断深入，我国的社会思想也呈现出多样化、丰富化的趋势。我们应正确把握这些变化的趋势，并且分析其在当前时代条件下呈现出来的新特点。这有利于我们对思想意识有一个较清楚的认识，也为社会主义核心价值体系提供参考。目前，思想多样化主要表现在三个方面，呈现四个特点。

首先，人们对党和国家的大政方针认可程度有了提高。我国经济和社会快速发展，取得了巨大成就。这对于提高国家凝聚力有巨大作用。但是，与以往不同的是，人们对党和国家的路线、方针、政策的认同感，是建立在理性思考的基础之上的。人们能够真实地感受到党和国家决策的正确性，从而产生认同感。特别是近年来，我国增加了在老百姓生活方面的关注度。可以预料，未来一个时期，我国的社会思想将呈现稳定健康的态势。人民群众在参与意识、判断能力以及参政议政能力等方面，都会有较大的提高。这种趋势，可以给我们两方面的启示。一方面，人民群众的政治热情，为政府提供了一个开展工作的广阔平台。另一方面，人民群众对政治的关注，是党和国家努力工作的结果，是社会进步的表现。只有把握住人民群众关心的核心问题，将理论与实践结合起来，才能将这一趋势保持下去。

其次，传统观念受到较大冲击，价值观念趋向多样化。一种思想观念一旦形成，就会存在较长的一段时间。但是，思想观念也会受时代的影响，并随着时代的变化而变化。伴随着改革开放步伐的加快，我国社会也发生着翻天覆地的变化。原有的思想也受到了相应的影响，发生了相应的变化。社会主义现代化建设进程不断加快，和谐社会的实践也不断深入。在今后一个时期，人们的思想观念将会进一步趋于科学化。对于原则性问题，人们的认识也将更加符合马克思主义的基本精神。对于社会问题，人们的认识也更加趋于现实。同时，人们的思想观念也更加独立、更加多样。不同的利益主体，对同一问题、现象、政策的态度，会呈现更多的差异性。很多人将会以自身的利益为主，不同利益的人们，会产生一定的冲突。同时，借助互联网等，将不同的观念表达出来。近年来，因为个人博客的兴起而产生的“草根”与“精英”在房地产发展方向上产生了激烈争论。这是对思想多样化的生动说明。可以预计，这种冲突的趋势，还将长期存在。

再次，马克思主义处于主体地位，多种社会思潮并存。党的十六大以后，我国在社会思潮方面采取了宽松的政策，各种当代西方思潮的研究也呈现出繁荣的趋势。学者们对于社会思潮在当下的最新发展，有了更多的关注。同时，马克思主义理论研究也进入了新阶段。可以预计，就思想认识领域而言，未来一段时间，将出现以马克思主义为主导、多种思潮并存的趋势。目前，我国对马克思主义的研究，表现出两种倾向：理论上的学术化和实践上的时代化。所谓理论上的学术化，是说提倡对马克思主义经典著作本身进行解读。马克思主义的研究更加深入、准确。所谓实践的时代化，是说当前的马克思主义研究，多立足于中国的实际。从中国的自身现实出发，这有利于为中国的实践提供解决思路。

总结以上三个趋势，我们不难发现其特点。开放性：社会思想的多样化，无法用单一的标准去衡量。不同的人们，思想意识的差别将进一步加大。就思想的内容而言，自由程度提高，不同的观念之间采取更加宽容的态度。外国的先进观念也更多地被我们吸收。传统的文化资源，也越来越得到重视。独立性：人们思想的独立性，主要表现为独立思考、独立判断、独立行动。人们开始依据自己的经验去思考、去判断对错。并且，自由地决定自己的行动方式。理性化：人们不再盲目跟风，在经过理性思考之后，他们会进行判断和选择。冲突性：这种冲突性主要体现在三个层面——不同思想流派之间、不同社会群体之间、个人与社会之间。当前思想形式的冲突性，对我国在思想意识领域的工作，提出了更高的要求。因此，我们应以社会主义核心价值体系为根本，抓住我国思想领域的关键和主流，全面推进中国特色社会主义建设，加快社会主义和谐社会的构建。

第二节　国际局势风起云涌

社会主义核心价值的提出，是基于对当今世界政治经济格局的准确把握和对方兴未艾的全球化浪潮的科学认识。当前，对于国际格局的发展的认识，可以简要概括为：“和平、发展、合作成为时代潮流，世界多极化和经济全球化的趋势深入发展，科技进步日新月异。同时，国际环境复杂多变，综合国力竞争日趋激烈，影响和平与发展的不稳定不确定因素增多，我们仍将长期面对发达国家在经济科技等方面占优势的压力。”深刻认识当今国际格局的发展状况，是理解和分析社会主义核心价值的基础。

一、政治：国际局势总体和平，局部动荡

国际局势保持总体和平、缓和与稳定态势。大国关系相对稳定，和平与发展是当今世界的主流。但是，局部性的战争、动荡与紧张有所加剧。这是当前国际局势在政治方面的突出特点，具体表现为四个方面：一是“一超多强”的多极化格局继续维持。美国继续维持其全面领先地位。但是，欧洲逐步走向统一，中国经济也在不断地崛起，日本经济逐渐复苏，俄罗斯、印度、巴西等区域大国经济继续保持高速增长。大国角逐继续朝着利于维护世界安全的多极化方向发展。二是新干涉主义、霸权主义和强权政治继续蔓延。这是当今世界动荡不安的主要根源。控制与反控制的较量令世界各国疲于奔命，劳民伤财，怨声载道。伊拉克战争的各种后遗症、巴以冲突和黎以冲突的持续和升级、朝鲜半岛形势的紧张等。虽涉及各种复杂因素，但从根本上说，都与美霸干预密切相关。它直接间接地引起、激化或加深了当前世界的许多地区性冲突、动荡和紧张。这是不争的事实。三是局部矛盾被激化、地区冲突此伏彼起。地区性的战争和暴力冲突此起彼伏，不同程度地破坏甚至摧毁了有关地区的和平与发展环境。这间接影响了整个世界的发展环境，增加了大国关系中的隐患，从而威

胁了整个世界的和平与稳定。四是国际恐怖主义反弹强烈，恐怖主义袭击频率增加，活动范围、袭击规模扩大，国际反恐斗争形势严峻。

当前国际矛盾依然存在，世界战略格局不断调整，国际地缘政治不断变化，在经济全球化进程中也出现了各种问题。要在这些问题中保持和争取比较有利的地位，我们就必须对国家主权在国家利益中的核心地位和基础价值有清醒的认识。要在复杂多变的国际矛盾和日趋激烈的国际竞争中争取主动，我们就必须坚持和倡导在相互尊重主权的前提下，积极寻求存异基础上的求同，在多元基础上达成共识，在共赢基础上进行合作，从而，推动建立更加公正合理的国际秩序。

二、经济：世界经济持续繁荣，不利因素并存

虽然世界经济继续保持繁荣发展，但在战略性资源方面，仍存在恶性竞争。国际贸易保护主义也对世界经济产生了不利影响。据国际货币基金组织预测，在最近两年中，世界经济增长率将达到4.5%。这一预测使人们对世界经济前景普遍看好，是较为乐观的。但是，与此同时，制约世界经济增长的负面因素的作用也在上升。最为明显的问题是能源和原材料价格居高不下，战略性资源争夺严重，引发恶性竞争，贸易保护主义也开始抬头。目前，国际战略因素也制约着世界经济的发展。一些国家经济迅

速发展。鉴于此，某些国际势力便怀有不健康心态，他们试图通过控制世界战略性资源，以此来维护自身地位，制约他国的发展。同时，影响世界经济快速发展的因素还包括国际贸易保护主义。近年来，世界反倾销浪潮高涨，中国已成为最大的受害者。例如，在西班牙还酿成了针对中国的“焚鞋事件”和“排华运动”。这使得中国在发展和开放过程中面临更大压力。这些日益增多的国际经济摩擦也折射出一些问题。在世界经济全球化的背后，还存在着一些深层的政治问题和社会问题。

此外，经济全球化作为一种客观趋势，其存在已经成为共识。2001年12月11日，我国正式加入世界贸易组织，成为第143个成员。这一具有里程碑意义的事件标志着我国开始全面融入经济全球化进程。2006年9月，世界贸易组织总干事帕斯卡尔·拉米在参加上海举行的“中国加入世贸组织五周年：回顾与展望”国际研讨会时，对中国入世五年的成就给出了这样的评价：“我给中国打A+。中国如约地降低了进口关税，在出口方面表现强劲，出口占GDP（国内生产总值）的比重超过30%。2005年取消了普通商品进口许可证制度。如今，中国已普遍被世贸组织的其他成员国认为是一个负责任的大国。”“关于中国入世5年的话题，总令我想到中国历史上那著名的丝绸之路，在唐朝的鼎盛时期，丝绸之路承接着东西方的文明，把当时先进的中国科技传播到了欧洲，那时开放的中国是世界上最强大的国家；而入世是中国进一步开放的标志，我想，你们可以从中发现，一个开放的中国，也会是一个真正负责任的强国。”这一评价表明，我国在全球化的进程中所发挥的重要作用，已经得到国际社会的普遍认可。

三、不和谐之音：“中国威胁论”

与上述不利因素同时存在的，就是宣称中国的发展会给世界和平带来威胁的“中国威胁论”。中国在近年来所取得的明显进步，刺激了一部分国家的敏感神经，引起他们的不安。据专家考证，“中国威胁论”的始作俑者是日本防卫大学副教授村井龙秀，他在1990年日本《诸君》杂志上发表题为《论中国这个潜在的“威胁”》一文，从国力角度把中国视为一个潜在的敌人。1992年—1993年间，“中国威胁论”第一次大规模泛滥。第二波“中国威胁论”发端于1995年—1996年间，诱因则是台海危机及由此而起的美国国内对华政策大辩论。所谓“中国对台湾海峡的和平与稳定构成威胁”、“香港的回归意味着自由民主世界将受到专制制度的威胁”等言论，在当时引起了一些反响。1998年—1999年间，《鼠年》和《红龙跃起》两本书更是将其大肆渲染，矛头指向“中国对美国国家安全构成重大威胁”这一敏感问题。“中国窃取美国核机密”、“利用华人科学家和学生在美国广泛搜取情报”、“企图收买美国政府”等胡言乱语满天飞，使“中国威胁论”达到登峰造极的地步。关于“中国威胁论”的言论可谓五花八门、花样翻新："经济威胁"、"军事威胁"、"能源威胁"、"科技威胁"、"人口威胁"、"环境威胁"、"文化威胁"等，不一而足。

目前，国际形势的变化趋势，对于我国来说，虽然有挑战，但更是一个重要的机遇期。和平与发展是主题，世界呈现多极化趋势，经济全球化进程也不断加快，科技革命的浪潮也越来越高，这些都给了我国巨大的发展动力和机遇。我们应坚持以经济建设为中心，坚持改革开放的基本国策，这些机遇就会继续促进中国的经济建设和社会发展。中国是一个共产党领导的社会主义大国，同时也是一个发展中的大国，我国现阶段还不是一个经济强国。古往今来，许多事实证明，一个国家在世界上的地位和作用是以其综合实力为支撑的。谈到综合国力，在农业经济时期，最重要的是国土面积、人口数量，在工业经济时期最重要的则是经济实力，而在今天的知识经济时代，衡量一个国家综合实力的重点，便转向了文化力和民族凝聚力。那么，一个国家的文化力的核心是什么，一个国家靠什么凝聚起来，最根本的就是国民的共同价值观。因此，在当今的世界局势下，我们党提出建设社会主义核心价值体系，使全党全民树立科学的价值观，对于我们国家的未来发展，对于我国屹立于世界民族之林，都具有十分重要的意义。

第三章　与时俱进，深化发展

建设社会主义核心价值体系，是以胡锦涛同志为总书记的党中央在新的历史条件下的重大理论创新和重大战略任务。进入新世纪，我国的发展迎来了一个可以大有作为的重要战略机遇期。中国共产党肩负着历史重任和人民期望。对于中国共产党来说，带领人民从新的历史起点出发，抓住和用好重要战略机遇期，全面建设小康社会、加快推进社会主义现代化，是完成时代赋予的崇高使命的必然要求。面对前进过程中可能遇到的风险与挑战，社会主义核心价值体系鲜明回答了在新的历史条件下，我们党用什么样的精神旗帜团结并带领全体人民开拓前进、中华民族以什么样的精神风貌屹立于世界民族之林的重大问题。

关于什么是社会主义核心价值体系，十六届六中全会通过的《中共中央关于构建社会主义和谐社会若干重大问题的决定》，首次提出这一概念时就对其基本内容作了说明。即“马克思主义指导思想，中国特色社会主义共同理想，以爱国主义为核心的民族精神和以改革创新为核心的时代精神，社会主义荣辱观，构成社会主义核心价值体系的基本内容”。其中，马克思主义指导思想是灵魂，中国特色社会主义共同理想是主题，民族精神和时代精神是精髓，社会主义荣辱观是基础，它们相互联系、相互贯通、相互促进，构成了有机统一的整体。

社会主义核心价值体系不是凭空产生的，而是在继承以往一切人类文明的优秀成果的基础上形成的。它经过凝练和升华，创造性地进行发展。这一体系，由于其时代性所表现出来的鲜明特色，成为人们热议的焦点。正如恩格斯所说：“每一个时代的理论思维，从而我们时代的理论思维，都是一种历史产物，它在不同时代具有完全不同的形式，同时具有完全不同的内容。”但这种“不同”，是以那些内在于其中的精神发展脉络为基础的。因此，要理解这一理论的科学内涵，就必须从对该理论的源流分析中，了解这一理论形成的来龙去脉。

第一节　社会主义核心价值体系的逐步形成

党的十六大以后，我国开始进入新的历史阶段，广大干部群众集中力量全面建设小康社会。这是实现现代化建设第三步战略目标的阶段，它发挥着承上启下的作用，这也是完善社会主义市场经济体制的阶段。在这一时期，我国面临着重大的发展机遇，也面临着巨大的挑战。在这样一个特殊阶段，应把全党全国人民的力量凝聚起来，我们要共同沿着中国特色社会主义事业发展的正确方向不断前进。前提是我们必须用先进文化去引领社会进步。正是在对这一问题的不断探索中，社会主义核心价值体系的理论内涵逐渐变得清晰起来。

十六大以后，全党全国人民努力奋斗，共同建设中国特色社会主义。但是，一场突如其来的“非典”疫病灾害降临了。中国共产党立即作出应对策略，全国人民也积极响应，团结起来，共同应对。通过这次突如其来的灾害，我们深刻地认识到，前进的道路上有各种难以预料的风险，我们应随时应变。更重要的是，我们通过“非典”斗争，凝聚了中华民族的力量，展现了中华民族强大的凝聚力和战斗力。因此，我们应大力弘扬民族精神，使民族精神深入人心。同时，使全国人民以民族精神为动力，在实践活动中，不断去践行，让民族精神成为推动中国特色社会主义事业前进的动力。

中国共产党顺应了历史发展趋势，以全面建设小康社会的迫切要求为依据，在十六届三中全会上提出了“科学发展观”的重大战略思想。对社会主义物质文明、政治文明和精神文明建设三者之间的关系，我们有了一个清醒的认识。这极大地推动了社会主义核心价值体系思想的形成。

在新形势下，我国精神文明建设面临的挑战，在改革开放初期，中国共产党就有了较为清醒的认识。邓小平同志曾指出“实行开放政策必然会带来一些坏的东西，影响我们的人民。要说有风险，这是最大的风险”。1986年和1996年，中央先后通过了《中共中央关于社会主义精神文明建设指导方针的决议》《中共中央关于加强社会主义精神文明建设若干重要问题的决议》，对于那一个时期的精神文明建设作了全面的部署。在新的历史条件下，伴随着改革开放的深入，我国的思想文化建设也有了进一步的发展。2003年底，召开全国宣传思想工作会议。党中央对于思想文化建设进行了全面而系统的梳理。这既有利于我们更好地去应对挑战，也有利于社会主义核心价值体系思想的形成。

在这次会议上，党中央还对思想文化领域出现的新问题，进行了深入分析。它明确指出：随着改革开放的不断推进，人们思想活动的独立性、选择性、多变性、差异性日益增强，社会思想空前活跃，各种思想观念相互交织，各种文化相互激荡，社会意识出现多样化的趋势；伴随市场经济的深入发展，市场经济自身的弱点和消极方面也会反映到人们的精神生活中来，有些人的价值观会发生扭曲，社会上会存在道德失范、诚信缺失的问题；与此同时，西方敌对势力正在加紧对我国实施西化、分化的政治图谋；互联网、现代通讯系统、广播电视等现代电子媒体的广泛运用，思想文化交流呈现出分散性、便捷性、跨国界等特点，都对我们维护国家文化安全提出了挑战。会议还提出，爱国主义是民族精神的核心，要坚持把弘扬和培育民族精神落实到宣传思想的各项工作中，落实到精神文明建设的全过程；思想政治工作的核心是理想信念教育，基础是思想道德建设，要通过深入细致的思想政治工作，发挥其统一思想、凝聚力量、化解矛盾、理顺情绪、激励人们团结奋斗的作用。

面对思想文化领域出现的新情况，我们必须不断加强思想道德建设。特别是针对中国特色社会主义事业的接班人，他们的思想道德状况，必须引起党的高度重视。因为它直接关系到中华民族的整体素质，关系到党和国家的前途命运。

鉴于此，2004年中央出台了《中共中央国务院关于进一步加强和改进未成年人思想道德建设的若干意见》，此后，中央又召开了全国加强和改进未成年人思想道德建设工作会议。指出“从未成年人抓起，培养和造就千千万万具有高尚思想品质和良好道德修养的合格建设者和接班人，既是一项长远的战略任务，又是一项紧迫的现实任务”；要从未成年人身心成长的实际出发，根据他们生理、心理和思想可塑性强等特点，紧紧抓住影响他们思想道德观念形成和发展的关键环节；明确提出“从增强爱国情感做起，弘扬和培育以爱国主义为核心的伟大民族精神”、“从确立远大志向做起，树立和培育正确的理想信念”、“从规范行为习惯做起，培养良好道德品质和文明行为”、“从提高基本素质做起，促进未成年人的全面发展”是未成年人思想道德建设的主要任务。

2004年8月，中央出台了《中共中央、国务院关于进一步加强和改进大学生思想政治教育的意见》。2005年初，中央又召开了全国加强和改进大学生思想政治教育工作会议。伴随着社会主义市场经济的建立、对外开放的深入，部分大学生的政治信仰出现了新问题：他们的政治信仰迷茫、理想信念模糊。针对这些问题，中央提出了要“以理想信念教育为核心，深入进行正确的世界观、人生观、价值观教育”、“以爱国主义教育为重点，深入进行民族精神教育”，特别强调“要把民族精神教育与以改革创新为核心的时代精神教育结合起来”、“以基本道德规范为基础，深入进行公民道德教育”、“以大学生全面发展为目标，深入进行素质教育”。

2005年初，中央开办了省部级主要领导干部提高构建社会主义和谐社会能力专题研讨班。2005年2月19日，胡锦涛同志在研讨班上发表重要讲话，在十六届四中全会的基础上，就构建社会主义和谐社会的相关问题作了进一步的阐述。讲话强调了加强思想道德建设对于构建社会主义和谐社会的重要意义，指出“一个社会是否和谐，一个国家能否实现长治久安，很大程度上取决于全体社会成员的思想道德素质。没有共同的理想信念，没有良好的道德规范，是无法实现社会和谐的”。讲话在“切实加强思想道德建设”这一小标题下，集中强调了“巩固马克思主义在我国意识形态领域的指导地位”、“引导全体人民坚定中国特色社会主义信念”、“弘扬以爱国主义为核心的民族精神和以改革创新为核心的时代精神”、“培养良好的道德品质和文明风尚”等具体任务，为社会主义核心价值体系的提出做了比较好的思想理论准备。

为了进一步加强思想道德建设，旗帜鲜明地坚持什么、反对什么，倡导什么、抵制什么，划清是非、善恶、美丑的界限，2006年3月4日胡锦涛同志明确提出了以“八荣八耻”为主要内容的社会主义荣辱观。他强调，全面建设小康社会、加快推进社会主义现代化，要求我们着眼于提高人的素质、促进人的全面发展，加强思想道德建设，发展教育科学文化，培育有理想、有道德、有文化、有纪律的社会主义公民。社会风气是社会文明程度的重要标志，是社会价值导向的集中体现，要在全社会大力弘扬爱国主义、集体主义、社会主义思想，倡导社会主义基本道德规范，扶正祛邪，扬善惩恶，促进良好社会风气的形成和发展。这是党在思想文化领域的一个重要理论成果，进一步为建设社会主义核心价值体系的提出创造了条件。

第二节　社会主义核心价值体系的正式提出

2006年10月11日，中共十六届六中全会通过了《中共中央关于构建社会主义和谐社会若干重大问题的决定》（以下简称“决定”），正式提出了建设社会主义核心价值体系的目标要求。

构建社会主义和谐社会是全面建设小康社会的重大课题，同时，它也是建设中国特色社会主义的一项长期而又艰巨的任务。构建和谐社会过程中，必须妥善处理各种矛盾，最大限度增加和谐因素、最大限度减少不和谐因素。在坚持马克思主义指导思想的前提下，尊重差异，包容多样。在强调“重要战略机遇期”的同时，中央也一再指出，我国也开始进入了各种社会矛盾凸显的历史时期。这在思想文化领域的一个重要反映，就是胡锦涛同志所指出的“各种非马克思主义思潮有所滋长，思想理论领域里的噪音、杂音时有出现”、“我国社会价值观念也日趋多样，正确的与错误的、先进的与落后的、主流的与非主流的思想观念相互交织”、“人们思想活动的独立性、选择性、多变性、差异性明显增强”、“思想道德领域出现了一些不容忽视的现象”等。在我国经济社会发展的关键时期，面对着社会思想文化日趋多样的现实，如何进一步巩固马克思主义指导地位、坚定共同理想信念、强化精神支柱、弘扬基本道德规范，把全党全国人民的思想和力量凝聚起来沿着中国特色社会主义事业发展的正确方向不断前进，是我们的文化建设必须面对的一项重大课题。

以社会主义和谐社会的新要求为基础，中央第一次比较完整地提出了社会主义核心价值体系的基本内容和目标要求。其目的就是用社会主义核心价值体系引领社会思潮，在意识形态领域的斗争中“凝魂聚气、强基固本”、“巩固全党全国各族人民团结奋斗的共同思想基础”。《决定》强调了“建设和谐文化，是构建社会主义和谐社会的重要任务。社会主义核心价值体系是建设和谐文化的根本”、“坚持把社会主义核心价值体系融入国民教育和精神文明建设全过程、贯穿现代化建设各方面”、“坚持以社会主义核心价值体系引领社会思潮，尊重差异，包容多样，最大限度地形成社会思想共识”等重要观点，标志着我们党对于建设社会主义核心价值体系的理解进入了一个新的阶段。

2006年11月10日，在中国文联第八次全国代表大会、中国作协第七次全国代表大会上，胡锦涛同志明确提出了“提升国家软实力”的命题，指出“当今时代，文化在综合国力竞争中的地位日益重要。谁占据了文化发展的制高点，谁就能够更好地在激烈的国际竞争中掌握主动权”、“没有先进文化的积极引领，没有人民精神世界的极大丰富，没有全民族创造精神的充分发挥，一个国家、一个民族不可能屹立于世界先进民族之林”。讲话从繁荣社会主义先进文化、建设和谐文化、提升国家软实力等角度进一步强调了建设社会主义核心价值体系的重要意义。2006年底，中央召开了全国宣传部长会议。在会议上，中央就社会主义核心价值体系四个方面的内容作了系统深刻的阐述，全面地梳理了这四个方面的相互关系及其在社会主义核心价值体系中的重要地位。

党的十七大要求，在实现全面建设小康社会奋斗目标新要求的指导下，从中国特色社会主义建设全局的高度，鲜明地把“建设社会主义核心价值体系，增强社会主义意识形态的吸引力和凝聚力”作为推动社会主义文化大发展、大繁荣的一项重要战略任务提了出来，强调要“切实把社会主义核心价值体系融入国民教育和精神文明建设的全过程，转化为人民的自觉追求。积极探索用社会主义核心价值体系引领社会思潮的有效途径，主动做好意识形态工作，既尊重差异、包容多样，又有力抵制各种错误和腐朽思想的影响”。基本内容的明确、作为一项重要战略任务的提出、总体思路的进一步清晰，确立了建设社会主义核心价值体系在中国特色社会主义建设全局中的重要地位，标志着党建设社会主义核心价值体系思想的逐渐走向成熟。

第三节　社会主义核心价值体系的深化发展

十七大以后，中央对于建设社会主义核心价值体系的理解进入了一个深化发展的新阶段。在2008年初的全国宣传思想工作会议上，中央在强调社会主义核心价值体系对于我们这样一个拥有十三亿人口、五十六个民族的发展中大国具有的特殊重要意义的基础上，要求在中国特色社会主义理论体系指引下，把建设社会主义核心价值体系作为长期的战略任务和现实的紧迫工作切实抓紧抓好。会议提出了建设社会主义核心价值体系的具体路径，要求把社会主义核心价值体系的研究纳入马克思主义理论研究和建设工程、把社会主义核心价值体系体现到媒体宣传中、把社会主义核心价值体系建设贯穿精神文明建设全过程、把社会主义核心价值体系寓于大学生思想政治教育和未成年人思想道德建设中、把社会主义核心价值体系融入文艺作品创作生产中、不断提高用社会主义核心价值体系引领各种社会思潮的能力和水平。总之，要把核心价值体系建设融入到日常工作生活之中，体现到政策法规制定和社会管理之中，使之转化为人民的自觉追求。2008年底，在纪念中国科协成立五十周年大会上的讲话中，胡锦涛同志指出“社会主义核心价值体系是我国指导思想、共同理想、民族精神、道德观念的集中体现，是社会主义精神文明建设的基本内容。建设社会主义核心价值体系，形成全民族奋发向上的精神力量、团结和睦的精神纽带，是增强民族凝聚力和国家软实力的客观需要”。

十七届四中全会在提出建设马克思主义学习型政党的同时，明确提出“党员、干部模范学习践行社会主义核心价值体系，是建设马克思主义学习型政党的重要任务”，特别要求“把理想信念教育作为全党学习践行社会主义核心价值体系的重中之重”，强调了社会主义核心价值体系建设与党的建设的密切关系。

党的十七届六中全会是在我国进入全面建设小康社会关键时期召开的一次十分重要的会议。全会从中国特色社会主义事业总体布局的高度，强调坚持走中国特色社会主义文化发展道路，部署了深化文化体制改革、推动社会主义文化大发展大繁荣，制定了建设社会主义文化强国的行动纲领，极大地推动了我们对于建设社会主义核心价值体系的理解。

全会提出，当今世界正处在大发展、大变革、大调整时期，文化在综合国力竞争中的地位和作用更加凸显，维护国家文化安全任务更加艰巨，增强国家文化软实力、中华文化国际影响力要求更加紧迫；我们必须更加自觉、更加主动地推动社会主义文化大发展大繁荣，为继续解放思想、坚持改革开放、推动科学发展、促进社会和谐提供坚强思想保证、强大精神动力、有力舆论支持、良好文化条件。

在全面分析形势和任务的基础上，全会进一步阐述了建设社会主义核心价值体系的重大意义，指出：坚持中国特色社会主义文化发展道路，深化文化体制改革，推动社会主义文化大发展大繁荣，必须以建设社会主义核心价值体系为根本任务。建设社会主义核心价值体系是党在思想文化建设上的又一重大理论创新。对其重要意义理解的不断深刻，深化了我们对于中国特色社会主义本质属性的认识。从"两手抓、两手都要硬"到"四位一体"，我们对于社会主义的认识经历了一个不断深化的过程。建设社会主义核心价值体系正是这个过程中的一个重要成果。

在建设社会主义核心价值体系的思路上，十七届六中全会在强调必须把社会主义核心价值体系融入国民教育、精神文明建设全过程的基础上，进一步明确提出把它融入党的建设全过程。要求把社会主义核心价值体系贯穿到改革开放和社会主义现代化建设的各领域，在全党全社会中形成统一指导思想、共同理想信念、强大精神力量、基本道德规范；并就社会主义核心价值体系四个方面的基本内容提出了“抓紧建立健全覆盖全社会的征信系统”等一系列具体的建设思路，为社会主义核心价值体系的建设进一步指明了方向。

总之，社会主义核心价值体系从提出到成为人民的自觉追求绝非一日之功。要认识到任务的紧迫性和长期性，自觉把建设社会主义核心价值体系作为基础工程和灵魂工程，摆在文化建设的首要位置，贯穿到改革开放和社会主义现代化建设各领域，立足当前、着眼未来，多做打基础、利长远的工作，使社会主义核心价值体系在全社会牢固确立。

第四章　层次分明，环环相扣

社会主义核心价值体系是立足于社会主义经济基础之上的价值认同系统，它涉及经济、政治、文化、思想等社会生活的方方面面，集中体现了社会主义意识形态的本质属性。它是社会主义思想道德建设的指导方针，是激励全民族奋发向上的精神力量和维系全民族团结和睦的精神纽带。马克思主义指导思想、中国特色社会主义共同理想、以爱国主义为核心的民族精神和以改革创新为核心的时代精神、社会主义荣辱观，构成社会主义核心价值体系的基本内容。这四个方面的内容，各以其特有的含义和实践要求，在社会主义和谐社会建设中发挥着不可替代的重要作用。社会主义核心价值体系内部，四个主要组成部分也相互贯通，是不可分割的有机整体。

第一节　四个主要组成部分及其地位

在我国的社会价值体系中，社会主义核心价值体系居于核心地位。它发挥着主导作用，决定着整个价值体系的基本特征和基本方向。社会主义核心价值体系包括四个方面的基本内容，即马克思主义指导思想、中国特色社会主义共同理想、以爱国主义为核心的民族精神和以改革创新为核心的时代精神、社会主义荣辱观。这四个方面的基本内容相互联系、相互贯通，共同构成一个辩证统一的有机整体。建立社会主义核心价值体系，必须坚持马克思主义在意识形态领域的指导地位，牢牢把握社会主义先进文化的前进方向，大力弘扬民族优秀文化传统，积极借鉴人类有益文明成果。同时，充分调动积极因素，凝聚力量、激发活力，进一步夯实全党全国各族人民团结奋斗的思想道德基础。从而，形成全民族奋发向上的精神力量和团结和睦的精神纽带，为构建社会主义和谐社会提供重要保证。

马克思主义指导思想是社会主义核心价值体系的灵魂，决定着社会主义核心价值体系的性质。马克思主义是我们立党立国的根本指导思想。江泽民同志指出：“马克思主义的基本原理任何时候都要坚持，否则我们的事业就会因为没有正确的理论基础和思想灵魂而迷失方向，就会归于失败。”在我国社会主义核心价值体系建设中，马克思主义为我们提供了正确认识世界和改造世界的强大思想武器。只有用马克思主义的立场、观点、方法来正确认识经济社会发展大势，正确认识社会思想意识中的主流与支流，才能在错综复杂的社会现象中看清本质、明确方向。江泽民同志指出：如果动摇了马克思主义这个精神支柱，就会导致思想混乱、社会动乱，那将是党、国家和民族的灾难。建设社会主义核心价值体系，第一位的就是坚持马克思主义的指导地位。马克思主义是科学，它始终严格地以客观事实为根据，总是随着时代、实践和科学的发展而不断发展的。我们坚持马克思主义，是坚持发展着的马克思主义。只有坚持用发展着的马克思主义武装全党、教育人民，才能真正发挥马克思主义认识世界和改造世界的强大思想武器的作用，马克思主义才能真正成为我们的行动指南。

毛泽东同志说过："马克思列宁主义并没有结束真理，而是在实践中不断地开辟认识真理的道路。"这就要求我们把坚持和发展马克思主义自觉地统一于建设中国特色社会主义的实践中。在坚持中发展，在发展中坚持。"八十年的实践启示我们，必须始终坚持马克思主义基本原理同中国具体实践相结合，坚持科学理论的指导，坚定不移地走自己的路。"我们要自觉做到两个"坚定不移"、两个"不能含糊"：坚持马克思主义的立场、观点、方法，坚持马克思主义的基本原理，这一点要坚定不移，不能含糊；贯彻解放思想、实事求是的思想路线，坚持勇于追求真理和探索真理的革命精神，这一点也要坚定不移，不能含糊。

中国特色社会主义共同理想是社会主义核心价值体系的主题。在中国特色社会主义共同理想中，构建社会主义和谐社会的共同的价值追求具体表现为：在人改造自然的活动中追求人与自然的和谐相处和生态文明；在经济活动中则是在劳动本位的基础上追求效率、活力和全体人民群众的共同富裕以及物质文明；在政治活动中追求民主法治、政治文明；在文化活动中追求真、善、美及其统一的先进文化和精神文明；在社会活动中追求公平正义、诚信友爱、充满活力、安定有序的和谐社会。

中国特色社会主义共同理想是中国历史发展的产物。一个民族的共同理想深深植根于历史、文化、时代和现实之中，是人民基于社会发展的客观条件而产生的共同愿望，所以这种共同理想是一种历史的必然，它不以人们的主观意志为转移。这也是理想与空想的根本区别之所在。旧中国半殖民地半封建的社会性质，决定了各族人民的共同理想就是推翻“三座大山”，建立中华人民共和国。中国共产党正是使人民认识了自己的根本利益之所在，把人民紧紧地团结起来、组织起来，开展革命斗争，才取得了新民主主义革命的伟大胜利。在长期的奋斗中，中国人民认识到，只有社会主义才能救中国。新中国成立后，中国共产党领导全国各族人民进行社会主义建设，赢得了广大人民群众的拥护。建设中国特色社会主义，是我们党实现最广大人民群众根本利益并进而实现共产主义最高理想的必由之路。正是这个坚实的基础，决定了中国特色社会主义共同理想是社会主义核心价值体系的主题。

理想贵在坚持。要构建社会主义和谐社会，就必须坚持中国特色社会主义共同理想。理想是一个人、一个政党、一个民族、一个社会的灵魂所系。邓小平同志曾指出：要有远大的理想，这样才能永远保持前进的勇气和方向。“我们一定要经常教育我们的人民，尤其是我们的青年，要有理想。”江泽民同志指出：“在全社会形成共同理想和精神支柱，是有中国特色社会主义文化建设的根本。”胡锦涛同志也指出：“理想信念，是一个政党治国理政的旗帜，是一个民族奋力前行的向导。我们应始终坚持中国特色社会主义共同理想，推进我们的伟大事业。”

民族精神和时代精神是社会主义核心价值体系的精髓，也是一个民族赖以生存和发展的精神支撑。一个民族，没有积极进取的精神和高尚的品格，不可能自立于世界民族之林。早在1935年，毛泽东同志在谈到中华民族的抗日决心时，就深刻指出：“我们中华民族有同自己的敌人血战到底的气概，有在自力更生的基础上光复旧物的决心，有自立于世界民族之林的能力。”改革开放之初，邓小平同志就强调：“绝不允许把我们学习资本主义社会的某些技术和某些管理的经验，变成崇拜资本主义外国，受资本主义腐蚀，丧失社会主义中国的民族自豪感和民族自信心。”江泽民同志深刻地指出：“有没有高昂的民族精神，是衡量一个国家综合国力强弱的一个重要尺度。”胡锦涛同志指出：“民族精神是我们民族的生命力、凝聚力和创造力的不竭源泉。”

在五千多年的发展历程中，中华民族形成了以爱国主义为核心的团结统一、爱好和平、勤劳勇敢、自强不息的伟大民族精神。在改革开放新时期，中华民族又形成了勇于改革、敢于创新的时代精神。这一民族精神和时代精神，包括了天下兴亡、匹夫有责，富贵不淫、贫贱不移、威武不屈，先天下之忧而忧、后天下之乐而乐等民族优良传统；包括了我们党领导人民在长期革命斗争中形成的井冈山精神、长征精神、延安精神、西柏坡精神等优良传统；包括了在社会主义建设时期形成的大庆精神、雷锋精神、“两弹一星”精神等优良传统；包括了在改革开放新时期形成的“六十四字创业精神”、1998年的抗洪精神、抗击“非典”的精神、青藏铁路精神等优良传统。这一民族精神和时代精神，是中华民族五千多年来生生不息、发展壮大的强大精神动力，也是中国人民在未来的岁月里薪火相传、继往开来的强大精神动力。伟大的事业需要并产生崇高的精神，崇高的精神支撑和推动着伟大的事业。在全面建设小康社会、加快推进社会主义现代化的进程中，民族精神和时代精神对于中华民族的凝聚、激励作用越来越突出，已深深熔铸在民族的生命力、创造力和凝聚力之中，成为社会主义核心价值体系中不可或缺的一部分。

社会主义荣辱观是建设社会主义核心价值体系的基础。民主革命时期，毛泽东同志深刻指出：共产党员无论何时何地都不应把个人利益放在第一位，而应让个人利益服从于民族的和人民群众的利益。改革开放时期，邓小平同志指出：“中国人民有自己的民族自尊心和自豪感，以热爱祖国、贡献全部力量建设社会主义祖国为最大光荣，以损害社会主义祖国利益、尊严和荣誉为最大耻辱。”江泽民同志指出：“领导干部必须讲学习、讲政治、讲正气，还必须讲修养、讲道德、讲廉耻”，“要在全党全社会中大力提倡高尚的社会主义思想道德和中华民族的优良传统，以艰苦奋斗、勤俭朴素为荣，以铺张浪费、奢侈挥霍为耻。”他还强调，思想政治工作的一个重要任务，就是引导人们分清正确与谬误、文明与愚昧、真善美与假恶丑。2006年，胡锦涛同志明确提出了以“八荣八耻”为主要内容的社会主义荣辱观。他强调指出：在我们的社会主义社会里，是非、善恶、美丑的界限绝对不能混淆，坚持什么、反对什么，倡导什么、抵制什么，都必须旗帜鲜明。荣辱观是世界观、人生观、价值观的重要内容，树立正确的荣辱观是形成良好社会风气的重要基础。只有分清荣辱是非，明辨善恶美丑，一个人才能形成正确的价值判断，一个社会才能形成良好的道德风尚。

以“八荣八耻”为主要内容的社会主义荣辱观，明确了当代社会最基本的价值取向和行为准则，涵盖了人生态度、社会风尚的方方面面。它既体现了社会主义基本道德规范，也体现了中华民族传统美德、优秀革命道德与时代精神的完美结合。作为社会主义核心价值体系的重要组成部分，社会主义荣辱观已经成为并将继续成为引领社会风尚的一面旗帜。

第二节　四个主要组成部分的相互关系

社会主义核心价值体系的基本内容包括马克思主义指导思想，中国特色社会主义共同理想，以爱国主义为核心的民族精神和以改革创新为核心的时代精神，社会主义荣辱观。这四个方面的内容是互相联系、互相贯通、互相促进的，是一个有机统一的整体。它们都是社会主义意识形态最重要的组成部分，是从我们党领导人民在长期实践中形成的丰富思想文化成果中提炼和概括出来的精华，是对社会主义核心价值体系深刻内涵的科学揭示。

四个主要组成部分各具功能、各有侧重，相互联系、不可分割，科学严谨、完整系统。马克思主义指导思想作为社会主义核心价值体系的灵魂，解决的是举什么旗的问题，是整个社会主义核心价值体系的理论基础，居于统领地位。树立中国特色社会主义共同理想、弘扬培育民族精神和时代精神、树立社会主义荣辱观，都必须坚持以马克思主义为指导。中国特色社会主义共同理想作为社会主义核心价值体系的主题，解决的是走什么道路、实现什么样目标的问题。坚持马克思主义指导思想、弘扬培育民族精神和时代精神、树立社会主义荣辱观，都是为了引导和激励全体人民努力实现中国特色社会主义共同理想。民族精神和时代精神作为社会主义核心价值体系的精髓，解决的是应当具备什么样的精神状态和精神风貌的问题，它是坚持马克思主义指导思想、树立中国特色社会主义共同理想、弘扬社会主义荣辱观的精神条件。以“八荣八耻”为主要内容的社会主义荣辱观作为社会主义核心价值体系的基础，解决的是人们行为规范的问题，它以基本行为规范的方式涵盖了社会主义核心价值体系其他三个方面的内容并使之具体化，从而让社会主义核心价值体系落到实处、有了依托，人们践行有了遵循。社会主义核心价值体系回答了我国意识形态领域的根本问题，体现了我国最广大人民的根本利益，是一个结构完整、逻辑缜密的科学体系。

具体说来，首先，四个基本内容具有层次性。马克思主义的价值认同是最高层次的，它主导和贯穿着整个价值体系。社会主义价值认同次之，它属于社会主导的理想和信念层。民族精神和时代精神再次之，是社会倡导的精神风貌层。社会主义荣辱观是涉及所有人所有领域的行为准则，是核心价值体系的最基础层次。

其次，四个基本内容具有统一性关系。社会主义核心价值体系四个方面的基本内容，相互联系、相互贯通。马克思主义是意识形态范畴内起主导作用的思想指南；中国特色社会主义共同理想是社会理想范畴内占主体地位的价值目标；以爱国主义为核心的民族精神和以改革创新为核心的时代精神是社会精神范畴内占主体地位的价值内容；社会主义荣辱观是社会价值范畴内占主体地位的价值标准。这几项基本内容之间相互联系、紧密结合，共同构成了一个层次分明、内涵丰富的社会核心价值体系。

值得注意的是，在四个基本内容中，民族精神和时代精神是联结其他基本内容的纽带。马克思主义是人类文明的结晶和时代精神的精华，其形成和发展的过程深刻体现了人类进步的时代精神与中华民族精神的神奇契合。马克思主义中国化的思想理论不仅属于中华民族思想世界中高层次的民族精神与时代精神成果，而且也指引着中华民族精神和时代精神的发展与创新。中国特色社会主义共同理想是中华民族共同理想在现时代的先进体现，反映了中华民族精神和时代精神的现实价值要求与理性升华。社会主义荣辱观是社会主义道德的时代体现和基本要求，它不仅在道德规范的层面上使民族精神和时代精神更加具体化、通俗化，而且也为民族精神和时代精神的发展奠定了道德基础。这样看来，在整个社会主义核心价值体系中，民族精神和时代精神联结并渗透于其他内容之中，成为贯穿性的基本内容。

第五章　灵魂：马克思主义指导思想

建设社会主义核心价值体系必须坚持马克思主义指导思想。马克思主义是我们立党立国的根本指导思想，是构建社会主义和谐社会的强大思想武器。当前，我国意识形态领域面临着新形势、新挑战，所以更要坚持和巩固马克思主义在意识形态领域的指导地位。党的十六大以来，以胡锦涛同志为总书记的党中央，高举邓小平理论和“三个代表”重要思想的伟大旗帜，紧密结合新世纪新阶段国际国内形势的发展变化，坚持理论创新和实践创新，提出了以科学发展观为核心的一系列重大战略思想和重大战略任务。在新的历史条件下坚持、丰富和发展了马克思主义，为我们党带领全国人民从容应对挑战、有效化解风险、开拓新局面、实现共同目标提供了行动指南。建设社会主义核心价值体系，巩固马克思主义的指导地位，打牢建设社会主义和谐社会的共同思想基础，最根本的就是要高举邓小平理论和“三个代表”

重要思想伟大旗帜不动摇，坚持用科学发展观这一马克思主义中国化的最新成果武装全党、教育人民。

第一节　马克思主义的诞生

马克思主义诞生于19世纪40年代。马克思、恩格斯在深入考察资本主义的历史发展，在批判地继承德国古典哲学、英国古典政治经济学、法国空想社会主义思想成果的基础上，创立了马克思主义。1847年，马克思、恩格斯在正义者同盟的基础上建立了第一个无产阶级政党——“共产主义者同盟”。1848年同盟纲领即《共产党宣言》的发表，标志着马克思主义的诞生。马克思主义是一个彻底而完整的科学理论体系，包含的内容极为丰富。马克思主义哲学、政治经济学、科学社会主义是其科学理论体系中的主体部分。

马克思主义是关于自然界、人类社会和人类思维发展普遍规律的科学。同时，也是关于工人阶级、劳动人民和全人类解放的科学，它更是关于建设社会主义和实现共产主义的科学。马克思主义自诞生以来，就以指导无产阶级进行反对资产阶级的斗争，直至推翻资产阶级的统治为己任，是无产阶级的精神食粮和思想利剑。

如果说马克思、恩格斯在自由资本主义时代，创造了马克思主义，并且揭示了社会主义取代资本主义的客观规律。那么，列宁则在垄断资本主义时期，创造性地继承和发展了马克思主义的思想，并且使社会主义从理论变为现实，建立了世界上第一个社会主义国家，从而将马克思主义发展到一个新阶段。

社会主义革命能不能单独在某个国家内发生？在《共产主义原理》中，恩格斯明确地回答："不能。共产主义革命将不仅仅是一个国家的革命，而是将在一切文明国家里，至少在英国、美国、法国、德国同时发生的革命。"列宁并没有被马克思、恩格斯的论断所制约。他认为在帝国主义时期，各资本主义国家经济和政治发展不平衡的规律越来越明显。马克思、恩格斯关于社会主义革命"同时发生"、"同时胜利"的观点是在此之前形成并提出的，他认为有必要根据新的情况加以发展。1915年8月，在《论欧洲联邦口号》一文中，列宁第一次阐述了他的观点。他指出："经济和政治发展的不平衡是资本主义的绝对规律。由此就应得出结论——社会主义可能首先在少数甚至在单独一个资本主义国家内获得胜利。"1916年9月，他在《无产阶级革命的军事纲领》中更加明确地指出："资本主义的发展在各个国家是极不平衡的，而且在商品生产下也只能是这样。由此得出一个必然的结论：社会主义不能在所有国家内同时获得胜利。它将首先在一个或者几个国家内获得胜利，而其余的国家在一段时间内将仍然是资产阶级的或资产阶级以前的国家。"从这个思想出发，列宁审时度势，领导布尔什维克党进行了社会主义革命，推翻了资产阶级临时政府，建立了世界上第一个社会主义国家，使科学社会主义由理论变成现实。列宁的“一国或几国首先胜利论”是对马克思主义革命理论的重大发展，是对科学社会主义的创造性发展。这个理论不仅为俄国十月革命的胜利奠定了坚实的理论基础，同时也为经济文化落后的国家走上社会主义道路指明了方向。

十月革命胜利以后，列宁根据马克思、恩格斯关于社会主义的设想，试图不通过中间环节，直接过渡到社会主义。因此，采取“战时共产主义”政策，实行余粮征集制，取消商品流通、货币和市场等一系列措施。这些措施的实施，造成了广大群众的不满。新生的社会主义政权面临着严重的危机。严峻的现实迫使列宁放弃“战时共产主义”政策，实行放开商品流通、恢复市场作用的“新经济政策”，这个政策取得了良好的效果。

在新的历史时期，列宁坚持运用马克思主义的一般原理，并总结俄国无产阶级革命和社会主义建设的新经验，从理论上科学地回答了新时代提出的新课题。从而，突破了数国同时胜利论，创立了社会主义可以在一国或数国取得胜利的理论。他还领导俄国实现了由民主革命向社会主义革命的转变，并展开了社会主义建设的实践，探索和开创了经济落后的国家向社会主义过渡与发展的道路。列宁创造性地将马克思主义发展到一个新阶段。

马克思主义150多年的发展历史也表明，马克思主义不是一个自我封闭的体系，它是在实践中不断创新和发展的科学思想体系。马克思、恩格斯也始终认为他们所创立的理论是发展着的理论，而非必须背得烂熟并机械地加以重复的教条。恩格斯就公开声明过，马克思的整个世界观不是教义，而是方法。它提供的不是现成的教条，而是进一步研究的出发点和供这种研究使用的方法。早在1872年《共产党宣言》德文版序言中，马克思、恩格斯就告诫人们：《共产党宣言》所阐述的一般原理整个说来是完全正确的，但这些原理的实际应用，随时随地都要以当时的历史条件为转移，而且这个纲领有些地方已经过时了。正是由于不断根据实践的变化而修改、补充和完善自己的成果，而不固守已有的教条，马克思、恩格斯创立的马克思主义才经受住了时间的检验，并不断得到丰富和发展。

第二节　马克思主义中国化的成果

1920年，列宁在谈到俄国布尔什维克是如何艰难地寻找到马克思主义的真理时，说过一段饱含感情的话语："俄国在半个世纪里，经受了闻所未闻的痛苦和牺牲，表现了空前未有的革命英雄气概，以难以置信的毅力和舍身忘我的精神去探索、学习和实验，经受了失望，进行了验证，参照了欧洲的经验，真是饱经苦难才找到了马克思主义这个唯一正确的革命理论。"用列宁的这段话来形容中国革命的历程，同样是再贴切不过了。1840年，帝国主义列强用炮舰打开了古老中国的大门，闭关自守的中国痛苦地跨入近代的门槛。从此，也陷入了民族危机之中。如何挽救民族危机，实现国家的独立和解放成为当时最迫切的声音。一批先进人士怀着救国救民的热切愿望，向西方国家寻找济世良方。从林则徐“师夷之长技以制夷”的主张到洋务派“中学为体，西学为用”的认识；从“要救国，只有维新；要维新，只有学外国”的呼号到孙中山的“三民主义”，都展现了爱国志士救国救民的志向。

但是，这些思想终究没能拯救当时多灾多难的中国，它们纷纷宣布破产了。这些探索之所以失败，是因为他们的选择不符合中国当时的国情。要想彻底改变中国封建专制主义统治，战胜帝国主义的殖民侵略，就需要一个更为先进的科学思想来指导。到底什么样的科学思想能够救中国？到底中国的出路在哪里？正当中国人民为救亡图存而感到困惑的时候，“十月革命”一声炮响，给我们送来了马克思列宁主义。中国的先进分子从俄国十月革命的胜利中看到了中国的曙光。我们的出路不是资本主义而是社会主义。以十月革命为契机，马克思主义迅速而广泛地传播开来，并且逐渐被人们所接受和认同，进而成为中国共产党的理论基础和指导思想。同时，它也慢慢融入中国人民的精神生活之中。

在1938年中共六届六中全会上，毛泽东同志第一次提出“马克思主义中国化”的命题，他指出，“马克思列宁主义的伟大力量，就在于它是和各个国家具体的革命实践相联系的。对于中国共产党来说，就是要学会把马克思列宁主义的理论应用于中国的具体的环境。成为伟大中华民族的一部分并和这个民族血肉相连的共产党员，离开中国特点来谈马克思主义，只是抽象的空洞的马克思主义”。中国共产党一直主张将马克思主义的基本理论与中国的具体实际相结合，实现马克思主义的中国化。所谓马克思主义中国化，从内容上讲，就是要运用马克思主义的立场、观点和方法，研究和解决中国的实际问题，丰富和发展马克思主义的理论宝库；从形式上讲，就是要运用中国人民喜闻乐见的民族语言来阐述马克思主义理论，揭示中国革命和建设的本质规律，使之成为具有中国风格和中国气派的马克思主义。自中国共产党成立以来，在革命、建设、改革的各个历史阶段，都取得了马克思主义中国化的重大成果。

以毛泽东同志为代表的中国共产党人将马克思列宁主义的基本原理创造性地运用于中国具体实际，形成了毛泽东思想。1945年，中国共产党第七次全国代表大会在延安召开。这次大会把毛泽东思想确立为党的指导思想并写入党章。毛泽东思想是马克思列宁主义在中国的运用和发展，是中国共产党集体智慧的结晶，也是被实践证明了的关于中国革命和社会主义建设的正确的理论原则和经验总结。毛泽东思想的科学体系主要包括六个方面：关于新民主主义革命理论；关于社会主义革命和社会主义建设理论；关于革命军队建设和军事战略理论；关于政策和策略；关于思想政治工作和文化建设理论；关于党的建设理论等。在毛泽东思想指导下，中国共产党领导各族人民，确立了社会主义基本制度，发展了社会主义的经济、政治和文化。毛泽东思想既体现了马克思列宁主义的基本原理，又包含了中华民族的优秀思想和中国共产党人的实践经验。

粉碎“四人帮”以后，邓小平同志首先指出，“两个凡是”不符合马克思主义。他坚持解放思想，实事求是，把马克思主义基本原理同当代中国的具体实践相结合。他在总结历史经验、研究新情况、解决新问题的过程中，以巨大的政治勇气和理论勇气进行理论创新。他科学地回答了什么是社会主义、怎样建设社会主义的一系列基本问题。具体说来，邓小平同志创造性地提出了建设中国特色社会主义；创立了社会主义的本质、社会主义初级阶段、改革开放、社会主义市场经济、社会主义精神文明、四项基本原则、“一国两制”等基本概念；提出并阐明了有关建设中国特色社会主义的一系列基本原理和基本观点。总而言之，邓小平同志创立了一个完整的科学理论体系，十五大将这个理论命名为邓小平理论。在邓小平理论的指引下，我们紧紧抓住经济建设不放松，整个中国焕发出勃勃生机和活力。同时，全面实行改革开放，成功解决了香港、澳门问题。这个理论体系的形成，标志着我们党实现了马克思主义同中国具体实践相结合的第二次飞跃。

党的十三届四中全会以后，以江泽民同志为主要代表的中国共产党人，高举邓小平理论伟大旗帜，准确把握时代特征，科学判断我们党所处的历史方位，紧紧围绕建设中国特色社会主义这个主题，以巨大的理论勇气进行理论创新。将马克思主义与中国社会主义现代化建设相结合，形成了“三个代表”重要思想：始终代表中国先进生产力的发展要求；始终代表中国先进文化的前进方向；始终代表最广大人民的根本利益。“三个代表”重要思想推进了马克思主义中国化的历史进程，开辟了马克思主义中国化的新境界。

党的十六大以来，以胡锦涛同志为总书记的中国共产党人，坚持以马克思列宁主义、毛泽东思想、邓小平理论和“三个代表”重要思想为指导，认真研究和解决马克思主义理论创新、中国特色社会主义建设、党的建设和我国当代社会发展面临的一系列重大问题，不断总结实践经验，不断作出理论概括。最终形成了以人为本、全面协调可持续发展的科学发展观、构建社会主义和谐社会、加强党的执政能力建设和先进性建设等一系列重大战略思想。着重回答了“什么是科学发展，怎样实现科学发展”的问题，从而形成了马克思主义中国化的最新理论成果。在新的历史条件下，把马克思主义中国化推向了一个更高的阶段。

第三节　始终坚持马克思主义指导思想

也许有人会提出疑问：诞生于19世纪中叶的马克思主义到现在为止，已经160多年了。我们为什么还要坚持呢？其实，要不要坚持一种理论，不在于它产生的时间长短，而在于它正确与否、在于它能否对当前的社会实际发挥指导作用。我们坚持马克思主义的指导地位，是因为它是经过实践检验和历史证明了的科学理论，马克思主义深刻揭示了人类社会发展的规律。它是迄今为止最科学、最先进、最严密的思想体系。同时，它也为人们认识世界、改造世界提供了科学的世界观和方法论。纵观160多年来的人类历史，我们深刻地感受到：马克思主义已不仅仅是一个“幽灵”，而是已经转化成活生生的实践；它已不只是在欧洲游荡，而是冲出了欧洲大陆，影响了全世界；马克思主义已经成为全球数以亿计人的政治信仰。在这个人类历史发展的过程中，尽管各种学说、理论、主义纷纭繁杂，但是，只有马克思主义始终保持勃勃生机，对推动社会进步起到了巨大的作用。

在探索中国革命和发展道路的历史进程中，我们党坚持把马克思主义基本原理同中国实际相结合，不断取得马克思主义中国化的理论成果。并以此去指导中国革命、建设和改革不断走向胜利，实现了民族独立和人民解放，把一个四分五裂、贫穷落后的旧中国建设成为人民生活总体上达到小康水平、正在蓬勃发展的新中国。如果没有马克思主义的指导，这一切都是不可能的，也是不可想象的。中国的历史发展进程，以无可争辩的事实，充分证明了马克思主义理论的科学性。可以说，坚持以马克思主义为指导，是党和人民的选择，是中国历史发展的必然选择。现在我们所处的时代不同了，在改革开放发展的关键时期，经济社会发展呈现出了许多阶段性的新特征：经济体制深刻变革，社会结构深刻变动，利益格局深刻调整，思想观念深刻变化。对于这些新的变化，我们迫切需要用发展着的马克思主义作出回答。

党的十六大以来，我们党提出了以人为本的“科学发展观”，构建社会主义和谐社会的“和谐观”，社会主义新农村建设的“新农观”，建设创新型国家的“创新观”，坚持“八荣八耻”的社会主义“荣辱观”，加强党的执政能力建设的“能力观”，推进党的先进性建设的“先进观”，推动建设和谐世界的“和平发展的外交观”。这些重要理论成果，是根据现阶段的世情、国情和党情提出来的。理论成果的内容涵盖经济、政治、文化、社会建设以及人的全面发展。这些理论成果，烙上了深刻的“中国”印记，闪烁着时代的光芒，是具有鲜明的中国特色和时代特征的。坚持不懈地用马克思主义中国化的这一最新成果武装我们的头脑，对于化解现实社会所面临的各种矛盾、应对各种风险和挑战，努力将“矛盾凸显期”转化为“黄金发展期”，具有重要的意义。

既然马克思主义对于我国有重大的意义，而且我们也结合国情，探索出了马克思主义中国化的理论成果，那么，我们就必须用马克思主义及其中国化的理论成果武装头脑。首先，要加强理论研究，使其最大限度地被人们所接受和认同。一种理论能说得通、道得明是其被人们所接受的前提。因此，在理论研究和建设中，要加强对马克思主义中国化三大理论成果——毛泽东思想、邓小平理论、“三个代表”重要思想和全面落实科学发展观、构建社会主义和谐社会的研究。帮助人们分清楚哪些是马克思主义的基本原理，必须长期坚持；哪些是针对当时历史条件所提出的特殊情况，随着时间的迁移已经不能使用；哪些是片面性的理解，需要重新认识和理解；哪些是附加在马克思主义名下的错误观点，需要及时加以纠正。只有将这些问题进行科学的研究，才方便人们去学习，才能在实践中正确地引导人们。其次，应加大宣传力度，使之为人们所广泛了解。但是，若想使马克思主义深入人心，就不能仅仅依靠“填鸭式”的理论灌输。因为理论如果仅仅停留在灌输和传递上，便不会提起人们的兴致，更不会打动人们的心弦。从而，导致马克思主义不能深入人心，武装人们的头脑。因此，在理论宣传当中，我们要遵循贴近实际、贴近生活、贴近群众的“三贴近”原则。同时，借助各种媒体的力量，广泛运用讲台、报刊、电台、电视台、出版物、互联网等多种方式，组织开展健康有益、积极向上、生动活泼、为群众喜闻乐见的文体活动。以这些方式来增强马克思主义中国化最新成果的渗透力和感染力。把马克思主义中国化的最新成果渗透到社会生活的各个方面、各个部位和各个环节，努力增强理论的说服力和吸引力。

第六章 主题：中国特色社会主义共同理想

中国特色社会主义共同理想是社会主义核心价值体系的主题。随着社会主义市场经济的深入发展，我国经济成分、组织形式、就业方式、利益关系和分配方式日益多样化，不可避免会出现社会意识的多样化。这就必须要有一个能够代表广大人民根本利益、为社会各个阶层广泛认可和接受、能有效凝聚各个方面智慧和力量的共同理想。有共同理想，才能有共同步调。这个共同理想，就是在中国共产党的领导下，走中国特色社会主义道路，实现中华民族的伟大复兴。这个共同理想，把党在社会主义初级阶段的目标、国家的发展、民族的振兴与个人的幸福紧密联系在一起，把各个阶层、各个群体的共同愿望有机结合在一起。它经过实践的检验，有着广泛的社会共识。它具有令人信服的必然性、广泛性和包容性，具有强大的感召力、亲和力和凝聚力。不论哪个社会阶层、哪个利益群体的人们，都能够也应该认同和接受这个共同理想，并且为这个理想共同奋斗。在全社会树立和弘扬这一共同理想，是和谐文化建设的根本任务。把握了这一点，就把握了社会主义核心价值体系的主题。

第一节　中国社会需要共同理想

理想，体现了人们对美好生活的向往和追求。共同理想，则是广大人民群众的共同追求和实践目标，它是一个国家和民族奋勇前进的精神动力。因此，一个国家、一个民族只有树立共同理想，才能把全体成员发动起来，形成一股合力，共同为国家的发展繁荣而奋斗。中国也不例外，也需要共同理想。共同理想在中国社会发展过程中可以起到强大的作用。

一、共同理想为我们指明前进方向和奋斗目标

目前，我国已进入改革开放发展的关键时期，改革的不断深入、体制逐渐转变、社会矛盾也不断变化。面对这些变化，我们党必须及时、很好地应对，否则，就有可能使我们的党陷入迷茫，使我们的国家失去发展方向。同时，也很有可能使我们的人民混淆是非，最终导致民族发展进程中的灾难。因此，我们必须提高我们党的执政能力，强化全党全民的辨别能力。加快经济的平稳发展，增强我们国家的综合国力。在和谐的氛围中，推动社

会的进步与发展。最重要的是，必须形成全党全民的共同奋斗目标和发展方向，即共同理想。我国是一个拥有13亿多人口的多民族国家，在这样一个具有960万平方公里的国土上，如果没有共同理想，那么整个国家便不会有飞速的发展，便会停滞不前。每个人、每个民族、每个地区都围绕自己的利益，都围绕自己的想法去行动，大家互不相让，便会导致矛盾与冲突，和谐社会也就变成一句空话，中国特色社会主义的建设也将无从谈起，中华民族也不会实现伟大复兴。因此，只有人民群众在国家前途与命运、根本利益和愿望上达成共识，才能有共同的前进方向和奋斗目标，大家才能齐心协力，朝着正确的方向、共同的目标而努力奋斗。

二、共同理想为我们提供坚定信仰和精神动力

社会主义市场经济体制的逐步确立，在带来经济快速发展的同时，也带来了一些不利因素。社会经济成分的增多、利益关系的复杂等，使人们的思想呈现多样化。一些人的思想观念过于偏激，自私、自利现象时有发生。但是，经济社会关系的变化，物质基础的富足，对于人们的信仰和斗志提出了更高的要求。我们很难想象，如果大家没有坚定的信仰和足够的信心，将怎样全身心投入到事业之中。信仰缺失、动力不足只能阻碍我们前进的步伐。共同理想可以解决这一难题，它能够引导全体人民以当代中

国发展大局为重，以国家和民族的利益为先，坚定不移地相信党和国家的发展大势。人民可以冷静、理性地分析发展过程中出现的问题，从而把个人奋斗融入到整个中华民族的事业中去。有了对未来、对发展的坚定信念，人民群众便可以在复杂的矛盾和问题面前分清是非，可以信心百倍地为构建社会主义和谐社会而奋斗。因此，我们说，在思想文化多样化的背景下，共同理想为广大人民群众提供了坚定的信仰和精神动力。

三、共同理想为我们提供道德规范与行为准则

随着改革开放的不断深入，社会主义市场经济也不断发展，中国社会正在经历一场全新的革命。在这场革命中，有许多我们以前闻所未闻、见所未见的新情况、新问题出现。如何去解决这些新问题，是我们必须面对的。马克思没有提到过，列宁也没讲过，毛泽东同志没有谈过，只有靠当代共产党人去实践中摸索。在摸索过程中，就必须遵循一定的道德规范和行为准则，就必须有一定的原则和纪律。否则，各行其是，我行我素，只能带来更多的混乱和动荡，严重的话，还会亡党亡国。共同理想，可以为大家提供规范和准则。就目前情况来看，中国人民建设中国特色社会主义的共同理想，以集体主义和爱国主义为根本的道德准则，可以为全体群众提供思想认识与行为处事的是非标准。人们按照道德规范，约束自己的行为，形成统一的步调。从而，形成

推动社会发展和进步的合力。

四、共同理想为广大人民群众提供精神凝聚力

目前，我国社会处于矛盾凸显的时期。各种各样的困难出现，需要大家齐心合力去克服，大量的利益关系需要作出调整，多重的利益格局需要整合。这些实际存在的矛盾与问题急需解决，因为它们影响着经济与社会的发展，也关系到每位社会成员的利益，稍有不慎，就会影响全局。我国社会要想又好又快地发展，就必须形成全党全民的共同理想，从而为广大人民群众提供强大的精神凝聚力。全社会有了共同理想，才能形成共同的追求，人民群众才能坚强团结地去奋斗，战胜各种困难，解决各种矛盾。我们党的历史发展也表明，一次次的胜利，就是靠共同理想把大家团结起来实现的。没有共同理想，就没有凝聚力。以前我们党无论怎样弱小，遇到再大的困难，我们也有强大的战斗力，因为我们有马克思主义和共产主义的信念。共同理想可以动员人民，凝聚人民，激励人民。它也是我们党取得胜利的重要法宝，是我们党立于不败之地的根本思想基础。

由此可见，我国社会必须树立共同理想。没有共同理想，便没有精神支柱，没有民魂国魂，我们就会失去凝聚力和生命力，失去发展的源泉。只有树立共同理想，把人民群众凝聚起来，把整个民族的精神振奋起来，才能加快中国特色主义的建设，才能

实现中华民族的伟大复兴。

第二节　中国特色社会主义共同理想的内涵

共同理想，就是一个社会共同体的全体成员共同的价值追求、价值取向和价值目标。一个社会、一个国家，有了共同理想，才会有强大的凝聚力，才能实现社会发展的共同目标。早在1980年3月，《人民日报》转载评论员文章，提出："全国人民的共同理想就是要通过大家的艰苦奋斗，去建设一个社会主义现代化的强国。" 邓小平同志对理想建设非常重视，他提出的培育"四有"新人，其中最重要的一点就是"有理想"。他还指出："有了共同的理想，也就有了铁的纪律。无论过去、现在和将来，这都是我们的真正优势。""共同理想"的正式提出是在十二届六中全会上。全会提出了"用共同理想动员和团结全国各族人民"现阶段，我国各族人民的共同理想，就是在中国共产党的领导下，走中国特色主义道路，实现中华民族的伟大复兴。它综合性地包含着社会生活各个方面的发展状态。它向我们描绘了社会的经济、政治、文化、日常生活等多方面的理想状态，并把理想与信念包含在一起，形成共同的理想信念。同时，它不单单是一个理想目标，而且包括追求和实现这个理想目标的道路和方式。道路就是中国特色社会主义道路，方式就是坚持中国共产党的领导。我们从中国特色社会主义和中华民族的伟大复兴两个方面来解读共同理想。

中国特色社会主义是中国共产党人在领导中国人民进行长期的革命和建设的过程中，以马克思列宁主义为指导，针对中国的具体情况所探索出的适合中国基本国情的发展道路。首先，中国特色社会主义是立足于中国国情的社会主义。因为各个国家的历史、文化等方面的差异，社会发展模式不可能千篇一律。中国在建国后一段时间，照搬苏联社会主义的发展模式，结果证明是不成功的。邓小平同志指出："我们多次重申，要坚持马克思主义，坚持走社会主义道路。但是，马克思主义必须是同中国实际相结合的马克思主义，社会主义必须是切合中国实际的有中国特色的社会主义。"以国情为基础和出发点，才谈得上中国特色。其次，中国特色社会主义是一个不断发展的历史过程，是从社会主义初级阶段不断走向较高阶段的社会主义。党的十六大报告正式使用"中国特色社会主义"这一提法，表明中国特色社会主义是一条经过实践证明的、正确的、符合中国现代化发展要求的道路。

实现中华民族的伟大复兴，是指到21世纪中叶，中国基本实现现代化，成为富强、民主、文明、和谐的社会主义国家。中华民族有着悠久的历史，创造了灿烂的文化。但是，1840年鸦片战争以后，中国一步步沦为半殖民地半封建社会，人民生活在水深火热之中。从那时起，救亡图存，寻求民族独立、自主自强变成了无数仁人志士的追求。但是，事实证明，资产阶级在中国承担不了领导中国人民实现民族复兴的重任。中国共产党经过一系列的探索，摸索出了适合中国国情的道路。只有社会主义才能救中国，只有在中国共产党的领导下，以马克思主义为指导，坚持走中国特色社会主义道路，才能实现中华民族的伟大复兴。

这是一个具有广泛社会基础的理想，既实在具体，又鼓舞人心，它集中表达了全体中国人民的利益和愿望。同时，可以使全体中国人民对中国社会发展规律有正确的认识。它是号召全国各族人民团结奋斗的旗帜，凡是炎黄子孙，谁不渴望民族的振兴，谁不盼望国家的富强。共同理想，把党在社会主义初级阶段的目标、国家的发展、民族的振兴与个人的幸福紧紧地联系在一起。同时，共同理想把各个阶层、各个群体的共同愿望有机结合在一起。它具有令人信服的广泛性和包容性，它既体现了现阶段党的奋斗目标，又体现了党的最终目标。共产党员既要为现阶段共同理想而奋斗，也要为最高理想而奋斗，即把二者统一于中国特色社会主义的伟大实践中。

第三节　牢固树立中国特色社会主义共同理想

共同理想作为全体社会成员的共同价值追求和目标，是一个政党治国理政的旗帜，是一个民族奋力前行的向导。只有树立坚定的共同理想，才能凝聚社会各个方面的智慧和力量，动员整个国家、民族蕴藏的一切潜能，形成统一的步调和强大的战斗力。必须用马克思主义中国化的基本原理，特别是中国特色社会主义理论武装全党、教育干部和人民，使之真正成为我们各项事业的主心骨，成为凝聚、激励、指导整个中华民族奋进的精神支柱。广大干部群众也必须接受历史与现实的教育熏陶。从历史中审视过去奋斗的足迹，在现实中解决人民最关心、最直接、最现实的利益问题，让人们深切感受到中国特色社会主义的光明前景。

树立中国特色社会主义共同理想，就必须坚持党的领导。中国共产党是树立和实现共同理想的领导核心。广大干部群众应深刻认识到，中国共产党始终代表中国先进生产力的发展要求，始终代表中国先进文化的前进方向，始终代表中国最广大人民的根本利益。只有中国共产党才能带领全国各族人民不断夺取中国特色社会主义事业的新胜利。要引导广大干部群众自觉学习党的基本理论、基本路线、基本纲领和基本经验，了解中国近现代史特别是中国共产党领导全国各族人民争取民族独立、人民解放、国家富强和人民幸福的奋斗史、创业史、改革开放史，把握我国社会主义初级阶段的基本国情和发展的阶段性特征，增强抓住机遇、加快发展的紧迫感。

树立中国特色社会主义共同理想，就必须坚持走中国特色社会主义道路。只有社会主义才能救中国，只有社会主义才能发展中国。中国走社会主义道路，是进入近代以来，几代人流血牺牲、艰辛探索的结果，是中国共产党理性选择的结果。中国特色社会主义既坚持科学社会主义的基本原则，又根据我国实际和时代特征赋予其鲜明的中国特色，是当代中国发展进步的旗帜，是全党全国各族人民团结奋斗的旗帜。只有走中国特色社会主义道路才能实现国家富强、人民幸福。深刻认识到，改革开放是决定当代中国命运的关键抉择，是发展中国特色社会主义、实现中华民族伟大复兴的必由之路，只有改革开放才能发展中国、发展社会主义、发展马克思主义。

树立中国特色社会主义共同理想，建设和发展中国特色社会主义是亿万人民的事业，中国共产党必须引导广大人民群众积极投身到中国特色社会主义伟大事业中来。要自觉地把个人理想融入中国特色社会主义共同理想之中，把个人奋斗融入实现社会主义现代化的共同奋斗之中，在实现国家富强、民族振兴、人民幸福、社会和谐的过程中，实现自己的人生理想。要树立正确的世界观、人生观、价值观，正确处理国家、集体、个人三者的关系，做到局部利益服从整体利益、个人利益服从国家利益。要适应时代的发展要求，脚踏实地，发奋学习，增长才干，不断增强为祖国和人民服务的本领。要有实现理想的坚定信念和百折不挠的进取精神，关键时刻不动摇，危难关头挺得住，始终能经受住困难和挑战的考验，为实现中国特色社会主义共同理想不懈奋斗。

第七章　精髓：民族精神和时代精神

建设社会主义核心价值体系，是中国共产党向中国人民提出的一项重要任务。这就决定了社会主义核心价值体系建设不能脱离几千年中华民族的发展历程，不能不体现中华民族几千年来培育和发展起来的民族精神。同时，建设社会主义核心价值体系，又是在改革创新的新时代中国共产党向中国人民提出的一项重要任务。这就决定了社会主义核心价值体系建设必须体现时代要求，必须符合时代潮流，为中华民族又好又快地发展提供精神动力。因此，民族精神和时代精神，必然成为社会主义核心价值体系的精髓。

第一节　民族精神和时代精神的科学内涵

从一定意义上讲，民族精神是民族文化的本质和灵魂，具有统一性和连续性的鲜明特征。伟大的民族精神是中华民族最为深厚的历史情感的结晶，是古往今来千千万万中国人奋发向上、百折不挠的精神支柱，是中华民族生生不息、薪火相传、不断发展壮大的精神动力。实践证明，一个国家、一个民族的生存发展和事业繁荣兴旺，必须有民族精神作支撑。越是艰难困苦，越是危急关头，越要发扬民族精神。一个民族的民族精神，恰恰是在薪火相传、继往开来的态势中丰富发展着的。我们既要大胆吸收和借鉴祖先创造的民族精神，更要大力弘扬和培育符合时代要求、顺应时代潮流的时代精神。

一、民族精神

民族精神是一个民族在长期的共同生活和共同的社会实践基础上形成和发展的，为民族大多数成员所认同和接受的思想品格、价值取向和道德规范，是一个民族的心理特征、文化传统、思想情感等的综合反映。民族精神是中华民族赖以生存和发展的精神支柱。在我国五千多年的历史发展中，中华民族形成了以爱国主义为核心的勤劳勇敢、团结统一、爱好和平、自强不息的伟大民族精神。

勤劳勇敢是人们取得行为活动成功的前提。因为无论哪种实践活动，在进行过程中，都会或多或少地遇到各种困难，面对问题和困难，就需要我们拥有勤劳的品质、勇敢的精神。只有这样，才有可能取得成功。就像传说中的神农氏，“尝百草之滋味，一日而遇七十毒”，大禹治水“三过家门而不入”，铁人王进喜“拼死也要拿下大庆油田”。中国人民正是依靠勤劳勇敢的民族精神，不断战胜各种困难。

团结统一是中华民族的立身之本。中国自古以来，就是一个多民族的国家。公元前221年秦始皇统一中国，建立起一个统一的多民族的中央集权国家。刘邦建立西汉王朝后，又大大巩固、发展这种统一，奠定了此后中国2000多年大一统的格局。虽然魏晋南北朝和唐宋也曾有过分裂，但统一一直是主流。我国是由56个民族组成的大家庭，各族人民在中华民族的形成和发展中，都作出了自己的贡献。新世纪，面对新的任务，我们必须团结一心，共同战胜各种困难，创造中华民族新的辉煌。

爱好和平是中华民族固有的天性。自古以来，中国人民就希望天下太平，同世界各国人民友好相处。直至今天，我们依然继承了老祖宗爱好和平的民族精神，我们始终坚持和平、发展、合作的政策主张，坚持独立自主的和平外交政策，倡导建设“民族、公平、和睦、包容”的和谐世界。在今后，中国将一如既往地弘扬中华民族爱好和平的民族精神。同时，将自身的发展与人类进步紧密联系在一起。中国的发展不会妨碍任何人，也不会威胁任何人，只会有利于世界的和平稳定、共同繁荣，为世界的和谐做出贡献。

自强不息是中华民族的精神追求。《周易》提出：“天行健，君子以自强不息。”这句话的意思是君子要以自然界不断向前运动发展为榜样，坚韧不拔，一往无前。孟子也提出君子应做到“富贵不能淫，贫贱不能移，威武不能屈”。几千年来，这种自强不息的精神一直激励着中华儿女奋发向上，不断向前。

必须强调的是，爱国主义是民族精神的核心，它是人们对自己生长的祖国的一种真挚热烈的爱。中华民族有着深厚的爱国主义传统。在不同的历史发展阶段，爱国主义有不同的具体内涵。中华民族只有努力秉承爱国主义的优良传统，才能屹立于世界民族之林。

案例一：愚公家门前有两大座山挡着路，他决心把山平掉，另一个“聪明”的智叟笑他太傻，认为不能。愚公说：“我死了有儿子，儿子死了还有孙子，子子孙孙是无穷无尽的，两座山终究会凿平。”后因感动天帝，天帝命大力神的两个儿子搬走两座山。愚公移山的故事说明做事情必须要有顽强的毅力。故事从另一个侧面也反映了中华民族自古就有勤劳勇敢的精神。

案例二：2005年，神舟六号载人航天飞船发射成功。“神六”的升空，不但象征着中国正在逐步实现航天强国之梦，同时也标志着中国国力的渐强、国运的兴隆。举国沉浸在欢腾的气氛中，为中国航天事业的辉煌成就深感自豪。航天员费俊龙说：“在太空，由于失去地球重力，人会感到浑身不适。我和海胜经过调整，第二天晚上就适应了。飞到第三天，我想起在资料片中看到国外的航天员在空间站做过前滚翻。于是，我一连做了4个前滚翻，我要让国际同行看看，中国航天员同样出色！”这充分展示了中国人民自强不息、自主创新的精神。

案例三：文天祥，宋朝杰出的民族英雄，生活在一个汉民族危机四伏的时代。13世纪初，蒙古诸部在塞外强大起来，部落首领铁木真建立了蒙古汗国。几十年间，蒙古铁骑席卷欧亚，攻城略地，基本统一了欧亚大陆。次子窝阔台继位后，相继灭掉金国，随即挥鞭南指，进军南宋。从公元1235年至1279年，南宋顽抗了40多年。文天祥的一生，与这场壮烈的民族存亡抗击战争相始终。他是一个永远被载入历史的爱国将领和著名诗人。他在强敌入侵，国土沦陷，生灵涂炭的危急时刻，自卖家产，组织义军，举兵抗击蒙古铁骑。战败被俘后，他义正辞严，痛斥汉奸和蒙古汗国，慷慨殉国。

案例四：屈原是楚怀王时的大臣。他因受到楚怀王的重用，引起上官大夫及令尹子兰的嫉妒，就在楚怀王及继位的顷襄王之前毁谤屈原。楚王因而逐渐疏远屈原，而且也不采纳他的谏言，最后甚至将屈原放逐。屈原满怀愤怒，落拓江湖，在写下了绝笔作《怀沙》后，怀石投汨罗江自尽。屈原死后数十年，楚国终因谗臣误国而为秦所灭。但是，屈原这位忠而见疑的悲剧英雄还活在楚国百姓的心中。据说屈原投江的那天是五月五日，从此以后，到了每年的五月五日，人们都要划龙舟、吃粽子、喝雄黄酒来纪念屈原。

二、时代精神

从时代精神的产生来看，时代精神是一个社会在最新的创造性实践中激发出来的。它是与时代发展大局相统一的，它反映着社会进步的方向、引领时代进步的潮流，是一个社会最新的精神气质、精神风貌和社会时尚的体现。从这个意义上可以说，没有改革创新就没有时代精神。

时代精神的核心是改革创新。所谓改革创新，就是改掉旧的、不合理的部分，使之更加合理完善；创新是指开创新的事物。2004年中共中央、国务院发出的《关于进一步加强和改进大学生思想政治教育的意见》首次把改革创新作为时代精神的核心。中共十六届四中全会明确提出了“弘扬以改革创新为核心的时代精神”。具体说来，改革创新有三种特性：一是自主性。真正的改革创新必然是自主创新，是战胜自我和超越自我。如果改革创新的结果是丧失自我，那就不叫改革创新，而叫自我毁灭。二是首创性。真正的改革创新必然具有“第一次”的特征。尽管它必然要学习借鉴别人，但其成果却必然不与任何已有成果相同。因此，“全盘西化”即使行得通，那也不叫改革创新，而叫生搬硬套、拙劣模仿。三是先进性。真正的改革创新必然顺乎文明之潮流、体现时代之脉动，因而能够独领风骚、影响深远。如果只是历史回声的共振、甚至是历史沉渣的泛起，那就不是改革创新，而是复辟倒退。

除改革创新之外，时代精神还应包括民主法治精神、公平正义精神、诚信友爱精神、科学发展精神以及和谐相处精神。民主法治精神是社会主义市场经济的内在要求。只有发展社会主义民主法治，才能保证人民依法行使民主权利，从而更好地激发人民群众的积极性、主动性和创造性。所谓公平正义，就是社会各方面的利益关系得到妥善协调，人民内部矛盾和其他社会矛盾得到正确处理，社会公平和正义得到切实维护和实现。维护和实现社会公平和正义，涉及最广大人民的根本利益。这也是我们党坚持立党为公、执政为民的必然要求。只有切实维护和实现社会公平和正义，人们的心情才能舒畅，各方面的社会关系才能协调。所谓诚信友爱，就是全社会互帮互助、诚实守信，全体人民平等友爱、融洽相处。诚信友爱是中国最基本、最古老的道德规范之一。以胡锦涛同志为总书记的新一届中央领导，提出了“以人为本、全面协调可持续”的科学发展观。这对于改变以往单纯追求经济发展、忽略自然环境的方式和观念，起到了重大的作用。这也是推动经济社会发展、加快推进社会主义现代化必须坚持的指导思想。和谐相处，是指人与人、人与社会、人与自然之间都要相互尊重、和谐共生。人虽然是高级动物，但是一旦离开了自然界、离开了社会，都不可能生存。因此，人与自然之间、人与人之间都应该和谐相处。

案例一：我国不仅以著名的“四大发明”（造纸、活字印刷、指南针、火药）、万里长城、京杭大运河等伟大创造闻名于世，不仅以诸子百家思想丰富了人类的精神文化宝库，还以不断变革创新的实践彪炳人类变法自强的制度创新史。从改革创新的视角看，中国近现代以来社会主义和资本主义的道路之争，是中华民族能否真正实现改革创新的问题。中国走上社会主义道路，这本身就是中国历史发展中的改革创新。

案例二：经济特区是中国改革开放成就的缩影。每个经济特区的发展史，都是一张充满曲折故事的实验清单。而百折不回、永不停滞的实验精神、实干精神，正是中国全面迅速崛起的精神财富与动力来源。在当前中国社会利益多元化的大背景下，如何“不为任何风险所惧，不被任何干扰所惑”，在重要领域和关键环节改革上取得突破，促进公平正义、更好改善民生，无疑是新一轮改革与发展的关键。深圳，30年弹指一挥间，曾经的边陲小镇变身现代化都市，那片偷渡者冒险的荒滩成为全球新兴市场的前沿。深圳的成功、经济特区的成功、中国经济的成功，鲜活而生动地证明了“发展才是硬道理”，“只有改革创新才能发展”。

第二节 大力弘扬民族精神和时代精神

民族精神是一个民族赖以生存和发展的精神支柱。时代精神是时代发展的潮流和方向。民族精神和时代精神都是社会实践的产物，同时也只有在社会实践中才能体现其自身价值。我们要立足建设中国特色社会主义伟大实践，以历史的责任感和现实的紧迫感，把弘扬和培育民族精神摆在社会主义文化建设的重要位置，大力弘扬民族精神和时代精神，为不断把中国特色社会主义推向前进提供精神动力。

一、深入开展中华优秀传统文化教育

我们中华民族具有五千多年的悠久历史，我们拥有经久不衰的中华文明。其中，不仅包括了哲学、社会科学、文学艺术、科学技术等方面的成就，而且蕴含着崇高的民族精神、民族气节和优良道德。我们也孕育了无数杰出的政治家、思想家、文学家、艺术家、科学家、教育家、军事家，而且留下了丰富的文物史迹、经典著作。从秦汉到清初，中华民族一直是世界上的强国。中国的“四大发明”，曾经让世人有口皆碑。中国的丝绸之路，曾经为西方带去东方文明。中国的唐诗宋词，曾经在世界文学史上占有一席之地。中华民族不愧为伟大的民族，中国人民不愧为伟大的人民。这是我们弘扬和培育民族精神和时代精神的深厚历

史底蕴。

1840年鸦片战争以后，中国陷入了被外国资本扩张和欺凌的困境，逐步沦为半殖民地半封建社会。差不多整整一个世纪，西方列强掀起了瓜分中国的狂潮。但是，热爱祖国、勤劳勇敢、自强不息的中国人民，为争取民族独立和国家富强不断去奋斗。洪秀全提出了“有田同耕，有饭同吃，有衣同穿，有钱同使，无处不均匀，无人不饱暖”的绝对平均主义救国方案；康有为提出了实行君主立宪制的救世良方；孙中山提出了建立资产阶级共和国的救国设想。这些虽然都没有最终改变中华民族的历史命运，但都在一定程度上推动了中国历史的发展。中国共产党成立后，中华民族有救了，中国人民有救了。80多年来，中国共产党团结和带领中国人民，推动中国实现了三个伟大的历史性转变：一是从半殖民地半封建的中国到新民主主义中国的转变，二是从新民主主义中国向社会主义中国的转变，三是从贫穷落后的社会主义中国向民主、富强、文明、和谐的社会主义现代化中国的转变。这举世瞩目的光辉业绩，彰显了中华民族的伟大，彰显了中国人民的伟大，彰显了中国共产党的伟大。

我们必须正视自己民族的历史和现实。我们必须正视中华民族几千年来所创造的灿烂文明、曾经遭受过的屈辱苦难。同时，我们也要正视今天的发展成就。现在不少年轻人对于我们国家和民族的历史不了解、不熟悉，甚至有些年纪大的人也逐渐淡忘了。这就要求我们必须加强国情教育、爱国主义教育、社会主义教育，加强民族精神和时代精神的教育。要通过学习和了解中华民族的光辉历史和优秀传统文化，激发人们的民族自尊心和自豪感，使民族精神和时代精神在中华大地生根发芽，获得深厚的社会土壤与高度的民族自觉。

二、纳入精神文明建设的全过程

弘扬和培育民族精神、时代精神，是社会主义精神文明建设的一项重要任务。目前，必须把民族精神和时代精神渗透到精神文明创建活动中，充分调动广大人民群众的积极性，让民族精神和时代精神的培育进到工厂、进到农村、进到社区、进到机关、进到学校。因为每个中华儿女、每个炎黄子孙，都有责任、有义务，为弘扬和培育民族精神和时代精神贡献自己的力量。全体社会成员都应成为民族精神和时代精神的培育者和弘扬者。然而民族精神和时代精神的弘扬，不是空喊口号的，它需要人们通过自己的实际行动体现出来。比如，在国家安危、民族存亡的紧要关头，能够挺身而出、舍生忘死、前赴后继；在面对困难和挫折的时刻，能够坚定果敢、团结奋斗、勇往直前；在国家、集体利益与个人利益发生冲突时，能够顾全大局、公而忘私、无私奉献。这都是弘扬和培育民族精神、时代精神的具体体现。

案例：方青，浙江金华市金东区东关小学校长，全国优秀教师、浙江省特级教师。她所在的学校坐落在浙江金华的北山脚下。校舍虽然简陋，但在来自周边的15个自然村的孩子们的欢声笑语中，透露着一种淳朴的美丽。在23个春秋里，她迎来又送走了一拨又一拨的孩子。她的幸福融入到学生的那份情感里，她的心永远都在孩子身上。作为校长， 她还发动村干部奖励优秀教师，带领家长们给老师包饺子，向上级给教师争取培训机会。学校的老师、学生以及家长们都非常喜欢方青。2008年1月，她当选为全国人大代表，学生们纷纷表示祝贺，这让方青感动不已。2009年9月，她带的学校成为联合国教科文组织的农村教育实践基地，老师们与孩子们可以有更多的机会参与国际交流。她说：“当鲜花和掌声包围我的时候，我一方面感激社会和人民，另一方面我的心依然平静。因为我知道，我的事迹很平凡，我的付出是一个普通公民应当做的，更是作为一个民革党员、一名教师、人大代表的义务和责任。我的心自始至终属于我的孩子们，这是我一如既往的事业动力，这一生，我将爱洒在路上，与孩子们一路同行！”

三、吸取世界各民族的优长

民族精神是时代精神的积累和沉淀。因此，它也是一个随着时代的进步而不断丰富的过程。在历史实践中，形成的以爱国主义为核心的团结统一、爱好和平、勤劳勇敢、自强不息的伟大民族精神，特别是我们党领导人民在革命、建设和改革的各个历史阶段所创造的丰富精神财富，已经成为我们民族精神的重要组成部分。民族精神作为一种精神力量，具有穿越时间隧道的渗透力。在今天，它仍然是我们全面建设小康社会，加快推进社会主义现代化的精神支柱。然而，民族精神的生命力源于它随着实践和时代的发展而不断发展成为新的时代精神。实践在无止境地发展，时代在不停地进步。因此，必须把民族精神与时代和社会的发展要求结合起来，吸取世界各民族的包括精神成果在内的优秀文化成果，使民族精神赋予新的内容，并发展成为带有新的时代特色的时代精神。

当前，我们必须充分看到，经济全球化进程不断加快。全球化作为一种社会现象，它不仅是经济领域中产品与资本的跨国流动，而且也是以信息为载体的各种文化和思潮在全球范围内的传播。这就要求我们既要大力弘扬中华民族的伟大民族精神，也要借鉴世界各国人民创造的先进文明成果，博采众长，为我所用，创造出新的时代精神，使民族精神得到丰富和发展。

案例一：在一次盛大的宴会上，来自中国、法国、俄罗斯、德国、意大利、美国的贵宾聚集一堂，各国来宾纷纷夸耀自己国家的文化，他们争着用本国的国粹——酒来彼此相敬。中国人拿出古色古香的茅台，瓶盖一开，沁人心脾，举座皆惊；俄罗斯人拿出伏特加，法国人拿出大香槟，意大利人拿出葡萄酒，德国人拿出威士忌。这时，唯有美国人两手空空。但是，他不慌不忙地走上前来，把各国的名酒兑在一起，举杯相敬，说："这就是我们美国的酒——鸡尾酒，它代表着美国的文化精神。"这充分说明，美国善于吸收其他国家之所长。我国也应如此，充分吸收世界各民族的优长，并以此来发展自己。

案例二：林则徐被称为中国近代"开眼看世界的第一人"。他打破以"天朝"自居的妄自尊大和闭关锁国的保守思想，肯于了解外国情况，吸收新事物。他一面积极备战，增设西洋大炮，一面积极了解西方资本主义国家的政治、军事、经济情况。他积极设立译馆，翻译外文书报、律例、军事技术等著作。先后译有《四洲志》《华事夷言》《滑达尔各国律例》等，成为中国近代最早介绍外国的文献。他还是第一个了解国际法，运用国际法与英国人作斗争的中国人。

第八章　打牢社会主义核心价值体系的基础

胡锦涛总书记2006年3月提出的以“八荣八耻”为主要内容的社会主义荣辱观，鲜明地确立了当代中国社会最基本的价值取向和行为准则。任何民族都要通过明确的荣辱观来维系基本的文化价值，并作为统一的道德行为规范和原则，才能形成起码的社会秩序，实现社会和谐。社会主义荣辱观涵盖爱国主义、集体主义、社会主义思想，集中反映了中华民族传统美德和时代要求，是新形势下加强社会主义思想道德建设的重要指导方针。在当前我国处于体制转轨和社会转型时期，人们道德取向的多元化使社会主义价值观和道德观受到了一定冲击。这种情况下，我们更需要倡导正确的荣辱观，作为引领文明道德风尚的标杆，凝聚社会思想共识和道德共识，促进改革和转型的平稳实现。这要求必须大力加强以社会主义荣辱观为基础的社会主义核心价值体系建设。

第一节　社会主义荣辱观的科学内涵

荣或辱，既是指人们在进行自我评价时产生的自尊或自愧的心理体验，也是指社会在对人们的思想行为进行评价时形成的褒奖或贬斥。每一个生活在社会中的人，都有自己对于荣与辱的看法和理解。凡是能够使自我得以自尊、自豪或受到社会、他人褒奖的，就是荣；凡是使自己感到自愧、内疚或受到社会贬斥的，就是辱。胡锦涛同志创造性地把社会主义荣辱观概括为“八荣八耻”，十分精辟，寓意深刻。

一、以热爱祖国为荣、以危害祖国为耻

一个民族，要讲民族大义；每个公民，要将国家利益放在首位。这样的民族才能自立于世界民族之林，这样的国家才能走向富强。我们伟大的祖国位于北半球，在欧亚大陆的东部。960万平方公里的国土酷似一只迎着朝阳昂首司晨的威武雄鸡。秦汉晋开创了中华伟业，隋唐宋创立了中华辉煌，元明清凝聚了中华之魂，百年历史谱写了英雄篇章。每一时代的爱国者，从来都把自己的生命和祖国的命运紧紧连在一起。

西汉名将霍去病一生为抗击匈奴作出了巨大贡献。他率领军队屡建功勋，誓死保卫国家。“匈奴未灭，无以家为”就是他拳拳爱国心的写照。钱学森从小就十分爱国，他为了报效祖国，努

力学习，当他学有所成的时候，动荡的社会却没有给他施展才华的机会，于是，他留学美国。数年之后，他听说新中国成立了，就义无反顾地要回国，美国人为了不让他回国，用尽种种手段想要打消他回国的念头，但最终钱学森还是回到了祖国的怀抱。深受大家喜欢的篮球运动员姚明在接受《休斯敦纪事报》记者采访时曾表示："在NBA打球，我是一名职业球员，而且拥有自己的球迷。不过在国家队，即使没有人付钱，没有球迷，或者教练安排我担任板凳球员或角色球员，我都不会在意，因为为国家打球是一种荣誉。"

二、以服务人民为荣、以背离人民为耻

每一个活着的人，都会在心里思考这样一个问题：人为什么活着？自己该怎样活着？答案是各不相同的。1944年，毛泽东同志在延安宝塔下，亲自出席了革命队伍中的普通一员——张思德同志的追悼会，并以"为人民服务"为题，发表了著名的演讲。"我们的共产党和共产党所领导的八路军、新四军是革命的队伍。我们这个队伍完全是为着解放人民的，是彻底地为人民的利益工作的"。全心全意为人民服务是中国共产党的唯一宗旨。在社会主义革命、建设和改革时期，为人民服务早已成为亿万人民的主导价值观和人生追求。

焦裕禄同志，山东省淄博市人，1922年8月16日出生，1946年

1月参加革命工作，同年加入中国共产党。焦裕禄同志是中国共产党的忠诚战士。他在参加工作十八年间，特别是在兰考的一年多的时间里，发扬一不怕苦，二不怕死，完全、彻底为人民服务的革命精神，对革命忠心耿耿，为人民鞠躬尽瘁，直至最后积劳成疾，不幸于1964年5月14日在郑州病故，时年42岁，被誉为“县委书记的好榜样，人民群众的贴心人”。

三、以崇尚科学为荣、以愚昧无知为耻

人类自从走出原始森林，文明的脚步就从未停息。特别是从瓦特改进蒸汽机引发第一次工业技术革命以来，世界在科学技术的引领下，发生了根本性变化。普及科学知识、弘扬科学精神、宣传科学思想、传播科学方法是我们的紧迫任务。在人类社会历史发展进程中，不仅科技革命和发展需要发扬光大科学精神，而且在一切领域中的创新发展都需要科学精神的支撑。树立社会主义荣辱观需要我们弘扬求真务实、勇于创新的科学精神，大力营造崇尚科学、尊重科学、学习科学、应用科学的良好氛围。

获得2010年度国家最高科学技术奖的著名血液学专家王振义，在素有“血癌”之称的白血病治疗领域取得了重大突破，有媒体称王振义“改变了这个死亡游戏的结果”。面对媒体的高度褒扬，王振义非常冷静地说，“没有解决白血病，是解决了其中一个（类型）。这一个是二十几种急性白血病中的一种。”仔细

品味王振义的这番话，让人肃然起敬，也更发人深省。“一个”与“二十几种”，表面上看只是一个量化关系，但从深层次上讲，它反映的是一位学者谦逊严谨的治学态度，也体现了一位科学家求真务实的科学精神。

四、以辛勤劳动为荣、以好逸恶劳为耻

劳动创造了人类，劳动创造了世界，劳动推动了社会的文明与进步。以勤劳著称的中华民族，正是依靠一代代人勤恳的劳作，才一步步走向繁荣富强。劳动没有贵贱之分，无论是体力劳动还是脑力劳动，无论是在什么岗位从事什么样的工作，只要服务于社会，为社会创造价值，这种劳动就是光荣而神圣的。

在共和国的史册上，记载着一串响亮的名字：赵占魁、王进喜、时传祥、蒋筑英、史来贺……他们是普通而平凡的工人、农民、知识分子，但都以辛勤的劳动创造了不平凡的工作业绩。时隔几十年，祖国没有忘记他们，人民永远怀念他们。他们用实际行动告诉我们：辛勤劳动光荣，劳动精神永恒。

甘当人民勤务员的掏粪工人时传祥，以“宁愿一人脏，换来万家净”的崇高境界，为首都北京的清洁美丽做出了杰出的贡献。青岛港前湾集装箱码头桥吊队队长许振超，在平凡的劳动岗位上做出了不平凡的业绩。他的“一钩准”和“无声响操作”，成就了震惊世界航运界的“振超效率”。

五、以团结互助为荣、以损人利己为耻

孔子的“仁者爱人”，孟子的“天时不如地利，地利不如人和”，这些言简意赅的话语道出了团结互助的深刻哲理。团结就是力量，团结就是胜利。在人与人之间的关系中，为了实现共同的利益和目标，互相帮助、互相支持、团结协作、共同发展。团结互助出凝聚力、出战斗力、出生产力。团结互助能够把各种力量凝聚起来，同心同德地为共同的目标而努力。团结互助的精神要求人人关心和帮助他人，处处尊重和爱护他人，大家心往一块想，劲往一处使。出现了矛盾，我们互相之间应做到心平气和，以诚相待，以理服人，共同商量；有了分歧不回避，摆到桌面上来，各自开展批评和自我批评；有了困难，同舟共济，一方有难，八方支援；有了荣誉，互相谦让。

义工歌手丛飞，生前资助178个贫困孩子，去世后又捐出眼角膜为6名眼疾患者带来光明。他以火红的青春和诚挚的爱心，谱写了一曲扶困助弱、无私奉献的动人乐章。爱心使者林秀贞，30年来义务赡养6位孤寡老人，资助14个贫困农民的孩子上学，安排8名残疾农民在自家办的小企业里上班，在人民心中树立了“党员妈妈”的光辉形象。

六、以诚实守信为荣、以见利忘义为耻

在传统道德中，诚是五常之本、百行之源，是道德修养的高境界。“诚之者，天之道；诚之者，人之道”，我国历代先贤都把笃守诚信提到了治国理政的高度。以诚实守信为荣、以见利忘义为耻既蕴含着中华民族优秀伦理文化的道德内容，又体现着构建社会主义和谐社会过程中对市场经济秩序的迫切要求。营造诚实守信的文明风尚，是发展社会主义市场经济的内在需要，诚实守信是市场经济健康发展的基础和前提。人无信不立，社会无信不稳。如果整个社会诚信缺失，弄虚作假，尔虞我诈，将最终导致人人自危，所有人都得为诚信缺失埋单。政府要想取信于民，就要讲诚信，遵纪守法，全心全意为人民服务。

春秋战国时，秦国的商鞅在秦孝公的支持下主持变法。当时处于战争频繁、人心惶惶之际，为了树立威信，推进改革，商鞅下令在都城南门外立一根三丈长的木头，并当众许下诺言：谁能把这根木头搬到北门，赏金十两。围观的人不相信如此轻而易举的事能得到如此高的赏赐，结果没人肯出手一试。于是，商鞅将赏金提高到五十金。重赏之下必有勇夫，终于有人站起将木头扛到了北门，商鞅立即赏了他五十金。商鞅这一举动，在百姓心中树立起了威信，而商鞅接下来的变法就很快在秦国推广开了。新法使秦国渐渐强盛，最终统一了中国。每个人都有自己的目标，

要想实现自己的目标，就必须坚持诚信。如果不是那样，他们能够成功吗？宋庆龄答应去幼儿园看望小朋友们，可是那一天下起了暴雨，其他人叫她不要去了，可是她坚决要去，她说："我不去，那这些小朋友会不高兴的，这是我做人的原则……"

七、以遵纪守法为荣、以违法乱纪为耻

纪律是力量的源泉，纪律是胜利的保证。中国共产党正是靠严密的组织性和铁的纪律把一个四分五裂的中国带向了光明的未来。"以遵纪守法为荣，以违法乱纪为耻"，重新阐明了遵纪守法的道德意义，重建了纪律、法律与道德之间的关联，有助于解决当前社会上纪律、法律与道德两张皮的问题。这"以遵纪守法为荣、以违法乱纪为耻"理应成为现代公民的基本守则，是现代社会公共生活对每个人的道德要求，也是每个现代公民应尽的道德义务。"以遵纪守法为荣，以违法乱纪为耻"，将违法乱纪看成纪律和法律上所不允许、道德上所不宽容的，其实质是把遵纪守法看成现代公民的基本道德守则。这一观点的提倡，为进一步开展纪律教育和法制教育提供了良好的社会氛围。

法律是纪律的最高表现。无论是谁，只要触犯了党纪国法，都将受到严厉的制裁。共和国肃贪第一大案中的刘青山、张子善，尽管曾经出生入死，为新中国的建立立下了战功，但因大量贪污国家财产仍被处决。胡长清、成克杰、王怀忠等一个个被钉

在历史耻辱柱上的腐败分子，向人们昭示了中国共产党惩治腐败的坚强决心。

八、以艰苦奋斗为荣、以骄奢淫逸为耻

劳动是人类文明进步的源泉。通过劳动，人类从盘错交织的古树走向陆地，从愚昧无知的远古走向现代文明。当今世界，经济、政治、文化等各方面的发展，越来越依赖于知识、人才和创造的力量，而这一切最终都要靠劳动来实现。 中华儿女历来以勤劳勇敢、不畏艰难著称于世。中国共产党靠艰苦奋斗起家，也是靠艰苦奋斗不断发展壮大。中国共产党人大多也是艰苦奋斗的光辉典范。

司马光是个贪玩贪睡的孩子，为此他没少受先生的责罚和同伴的嘲笑。在先生的谆谆教诲下，他决心改掉贪睡的坏毛病，为了早早起床，他睡觉前喝了满满一肚子水，结果早上没有被憋醒，却尿了床，于是聪明的司马光用圆木作了一个警枕，早上一翻身，头滑落在床板上，自然惊醒。从此他天天早早地起床读书，坚持不懈，终于成为了一个学识渊博的、写出了《资治通鉴》的大文豪。民族英雄岳飞生逢乱世，自幼家贫，在乡邻的资助下，拜陕西名师周桐习武学艺，期间，目睹了山河破碎，百姓流离失所，萌发了学艺报国的志向，克服了骄傲自满的情绪。寒暑冬夏，苦练不辍，在名师周桐的悉心指导下，终于练成了岳

家枪，并率领王贵、汤显等伙伴，加入到了抗金救国的爱国洪流中。

第二节　全社会大力弘扬社会主义荣辱观

改革开放以来，在市场经济发展过程中，党内和社会上出现的一些不良倾向，特别是一些不正之风和腐败现象。面对一些人在思想道德建设方面的滑坡，我们要不断地深化改革，扩大开放，完善社会主义市场经济体制，从而完成全面建设小康社会，加快推进社会主义现代化的历史重任。这需要我们在全党和全社会大力弘扬社会主义荣辱观。在全社会大力提倡“荣”，坚决反对“耻”，努力提高全社会的思想道德水平，为建设社会主义核心价值体系奠定思想基础。大力弘扬社会主义荣辱观关键在落实。具体说来，有这样几个方面。

第一，把对祖国的挚爱化为建设祖国、报效祖国的实际行动。几千年来，中华民族在热爱祖国的精神鼓舞下，用自己的智慧和劳动，创造了灿烂辉煌的古代中华文明，在令全世界瞩目的同时，也令中华儿女为之骄傲。历史上，在祖国陷入外敌侵略的危亡时刻，中华儿女、志士仁人奋起反抗，进行了不屈不挠的斗争，涌现出无数可歌可泣的民族英雄和革命领袖。现实中，中华儿女、志士仁人，紧密团结在党中央周围，把强烈的爱国热情化为建设社会主义祖国的实际行动，建立了惊天动地的伟业，真正体现了“以热爱祖国为荣，以危害祖国为耻”。在社会主义的历史条件下，我们提倡的热爱祖国，主要表现为热爱伟大的中华人民共和国，热爱祖国的疆土、资源、文化、语言和民族优良的历史传统，具有民族自尊心和自信心。

第二，把服务人民落实到实际工作中。要始终坚持党的群众路线，保持党同人民群众的密切联系。把对上负责和对下负责、对党负责和对群众负责统一起来。尤其要树立群众利益无小事的观念，一切从群众的利益出发，时刻关心群众，坚定地相信群众，处处依靠群众。把“人民拥护不拥护”、“人民赞成不赞成”、“人民高兴不高兴”、“人民答应不答应”作为自己的出发点和落脚点。想群众之所想，急群众之所急。特别要抓住一定时期广大群众关注的热点、难点和焦点问题，真心实意地为群众做好事，竭心尽力地为群众解难事。同时，加强党风和廉政建设，坚决开展反腐败斗争，认真接受群众批评和监督。

第三，倡导科学思维和科学方法，建设创新型国家。思维是人的行动的源动力。科学的实践源于科学思维。以崇尚科学为荣，以愚昧无知为耻，必须在全社会大力倡导科学思维，坚持科学的思维方法。只有有了科学的思维方法，才能推动科学的发展，才能推进社会的进步和人类文明。因为科学思维方法导引和规范着科学研究的进展，引导和规范着人们对主观世界和客观世界的认识和改造。努力建设创新型国家，以创新推动国家的发展。

第四，在全面建设小康社会、加快推进社会主义现代化实践中辛勤劳动。广大人民群众一定要树立长期艰苦奋斗的思想，发扬中华民族勤劳勇敢的伟大民族精神，坚决贯彻落实党的社会主义初级阶段的基本路线，自觉坚持以经济建设为中心，以自己的工作岗位为载体，在实际工作中争先创优，做出实绩，为推进我国经济社会的全面发展贡献自己的力量。

第五，培育团结互助精神。每个人都要树立团结合作的观念，在组织内发扬团队精神，在国家中增强团结意识，正确对待自己，正确对待他人。做到乐于助人、乐善好施，把能为他人谋幸福、能为祖国做贡献，作为自己的幸福和追求。自己的责任和义务是为他人谋幸福，并为此而感到幸福快乐。

第六，倡导诚实守信。一个人是否诚实，深层次的原因在于有没有正确的义利观。每个人都要对自己的义利观有一个准确的、正确的定位。把国家和人民群众的根本利益放在首位。既尊重市场经济规律，又充分发挥市场经济普遍通行的物质利益原则、等价交换原则、自由竞争原则的正面作用。在行为准则上超越市场法则和个人功利的局限，做到义利统一。

第七，增强纪律意识和法制观念。党的纪律是党的各级组织和全体党员必须遵守的行为规则，党组织必须严格执行和维护党的纪律，共产党员必须自觉接受党的纪律的约束。如果没有铁的纪律，党就会成为一盘散沙，就无法团结带领广大人民群众去完成伟大的历史任务。国家法律是在中国共产党的领导下，依据广大人民群众的意志，由国家最高权力机关制定的、全体公民必须遵守的行为规范。国家法律既体现了人民意志，也体现了党的政策和主张。广大党员和广大人民群众，都要培养自己的法律意识，认真学习国家的法律法规，特别是与自己工作相关的法律法规。

第八，发扬艰苦奋斗作风。发扬艰苦奋斗作风，反对骄奢淫逸恶习，必须靠加强教育和制度建设。加强教育，重要的是用邓小平理论和“三个代表”重要思想武装全党，使广大党员树立立党为公、执政为民的思想，牢记我国的基本国情和我们党的庄严使命，牢记全心全意为人民服务的宗旨，牢记党和人民的重托和肩负的历史责任，树立为党和人民长期艰苦奋斗的思想。制度建设，重要的是创造一个有利于大力弘扬艰苦奋斗和谦虚谨慎优良作风的制度环境。制度更带有根本性、全局性、长期性和连续性。要通过制度建设，使党内纪律和制度尽量减少空白点，扩大覆盖面，强化党内纪律和制度的严肃性，提高执行效果。不论是谁，都不得违背党的纪律，都不能把党的制度当儿戏。

第九章　社会主义核心价值体系的战略意义

社会主义核心价值体系的提出，是我国思想理论建设和意识形态建设上的一个重大创新。它体现了我们党对社会主义本质认识的深化，对社会主义文化建设规律认识的深化。在当代，社会主义核心价值体系，是巩固全党全国人民团结奋斗的共同思想基础。我们党是一个拥有7000多万党员的大党，我们国家是一个拥有13亿多人口的发展中大国，我国各族人民正在从事着建设中国特色社会主义的宏伟而壮丽的事业。这样的大党，这样的大国，这样的伟大事业，需要我们牢固确立社会主义核心价值体系在意识形态领域中的指导地位，自觉用社会主义核心价值体系指导工作。切实加强社会主义核心价值体系建设，关系党和国家工作的全局，关系实现全面建设小康社会的宏伟目标，关系中华民族的伟大复兴，关系中国特色社会主义事业的长远发展。

第一节 引领多样化的社会思潮

在当代中国，构建社会主义和谐社会，必然要求确立社会主义核心价值体系的主导价值观地位。运用社会主义核心价值体系，巩固和谐社会的思想道德基础。同时，可以增强社会主义主流意识形态对多样化社会思潮的引领作用。中共十六届六中全会通过的《中共中央关于构建社会主义和谐社会的决定》指出："坚持以社会主义核心价值体系引领社会思潮。"胡锦涛同志在中共十七大报告中强调，要"积极探索用社会主义核心价值体系引领社会思潮的有效途径。主动做好意识形态工作，既尊重差异、包容多样，又有力抵制各种错误和腐朽思想的影响"。

任何民族和国家的存在与发展，都需要有主导价值观作为自己精神的支撑。"从人类文明发展进程的程度看，任何一种社会文明形态的发展，都内在地要求其成员具有与其经济基础相适应的价值观念、道德品质、社会心理和思维方式。如果一个社会缺乏广泛认同的价值标准，社会发展就会失去根基。"社会主义核心价值体系具有广泛性和包容性，是一个内涵丰富的有机统一整体。它的四个方面内容是相互联系、相互贯通、相互支撑的。它体现了人民群众的共同愿望和追求，同时又涵盖了不同个人、人群和阶层的利益诉求。社会主义核心价值体系注重批判继承中华民族优秀传统文化，不断吸收人类有益文明成果。这样，既适应了社会主义市场经济不断发展的要求，也指明了社会主义先进文化的发展方向。它是社会主义的主导价值观，是推动经济社会前进的精神动力。它代表着社会前进方向，反映着当代社会的时代特征，引导着人们的价值取向。社会主义核心价值体系最大限度地体现了社会的多元化价值诉求。这就决定了它具有强大的整合力和引领力。它能够引领多样化的思想观念和社会思潮，能够成为联结各民族、各阶层的精神纽带，它是构建社会主义和谐社会有力的思想保证。

社会主义核心价值体系本身就是一个多层次的系统。它旨在从不同的角度和不同的层次取得全社会的价值认同。这样，可以使人们超越分工、城乡、地域和阶层等多方面的差异，可以增强社会成员的归属感和向心力。尊重差异、包容多样，是社会主义核心价值体系的基本要求。此外，在形形色色的多样化社会思潮中，存在着大量与社会主义核心价值体系的基本精神比较一致的思潮。这些思潮本身是社会主义核心价值体系的一个构成要素。只有海纳百川，大力弘扬民族优秀文化传统，积极借鉴人类有益文明成果，才能真正激发活力、引领潮流。只有这样，才能确保当代中国社会思潮的主流体现社会主义先进文化的前进方向。

第二节　引导全社会在思想道德上共同进步

思想道德是经济基础的反映，而不是脱离历史发展的抽象观念。我国社会正处于社会主义初级阶段，人们的思想观念、道德意识、价值取向越来越呈现出层次性。这种层次性要求我们，在思想道德建设上一定要从实际出发，既要鼓励先进，又要照顾多数，把先进性要求同广泛性要求结合起来，对不同层次的人们提出不同的要求。我们不能因为存在着多层次的思想道德而降低甚至否定先进性的要求。对于共产党员来说，要坚定不移地身体力行共产主义道德。我们也不能不顾人们思想道德的客观差异，用同一个标准要求所有的社会成员，而是要倡导积极的，支持有益的，允许无害的，改造落后的，抵制腐朽的。我们还要针对人们思想道德上的层次性，坚持用先进的思想道德来引领全体社会成员在思想道德上不断提升、共同进步。用什么样的思想道德来引领人们在思想道德上不断提升和进步？社会主义核心价值体系，集中回答了这个问题。社会主义核心价值体系，既体现了思想道德建设上的先进性要求，又体现了思想道德建设上的广泛性要求；既坚持了先进文化的前进方向，又符合不同层次群众的思想状况；既体现了一致的愿望和追求，又涵盖了不同的群体和阶层。社会主义核心价值体系具有广泛的适用性和包容性，具有强大的整合力和引领力，是联结各民族、各阶层的精神纽带。

第三节　抓住和谐文化建设的根本

党的十六届六中全会通过《中共中央关于构建社会主义和谐社会若干重大问题的决定》鲜明地提出，构建社会主义和谐社会必须建设和谐文化。社会主义核心价值体系是和谐文化的根本。在和谐文化建设中，抓住了社会主义核心价值体系这个根本，才能形成全社会共同的理想信念，增强全社会的凝聚力；才能树立全社会的和谐理念，培育全社会的和谐精神；才能形成全社会的良好道德风尚，形成全社会的和谐人际关系；才能营造全社会的和谐舆论氛围，塑造全社会的和谐心态。

首先，社会主义核心价值体系保证了和谐文化的社会主义性质和发展方向。和谐文化作为一种精神文化，是人类创造的精神成果。自从人类文明产生以来，和谐文化就在不同的社会和民族发展的历史中存在。在我国，至少在春秋战国时期就产生过不少有关社会和谐的思想。在西方，对以富有、幸福、公正、自由、民主等为内容的和谐社会理想的追求大约始于2000多年前。这些人类历史上的和谐文化，无疑是建设社会主义和谐文化的宝贵文化遗产。然而，它们毕竟与社会主义和谐文化有着根本的区别。核心价值体系是确定和谐文化社会性质的根本依据，也是区别不同和谐文化的根本标准。我们党明确指出，马克思主义指导思想，中国特色社会主义共同理想，以爱国主义为核心的民族精神和以改革创新为核心的时代精神，社会主义荣辱观，构成社会主义核心价值体系的基本内容。这就为我国和谐文化建设的社会主义性质和发展方向提供了根本的保证。

其次，和谐文化指导与激励功能发挥，社会主义核心价值体系起关键作用。从社会主义核心价值体系的基本内容来看，其中马克思主义的指导思想，对全中国人民的思想和行动具有普遍的指导作用；中国特色社会主义共同理想，指明了全中国人民的奋斗目标和理想追求；以爱国主义为核心的民族精神和以改革开放为核心的时代精神，激励着全中国人民在传承中华民族的宏基伟业的基础上不断创新，开拓未来；以“八荣八耻”为核心的社会主义荣辱观，既是调整人与人、人与社会之间相互关系的伦理规范，也是激励全中国人民倡“荣”防“耻”、扬“荣”抑“耻”的行为规范。因此，弘扬社会主义核心价值体系，可以有效地实现和谐文化的指导与激励功能。以社会主义核心价值体系为根本，推进和谐文化建设，是意识形态工作的一个崭新课题。实践好这个课题，需要全党全社会共同努力，把铸造灵魂、突出主题、把握精髓、打牢基础的基本要求，体现到经济、政治、文化、社会建设各个领域，从政策环境、体制环境、社会环境等方面给予有力支撑。

第四节　全面推动和谐社会的构建

自古以来，和谐社会就是人类追求的一种美好的生活状态。同时，也是一种崇高的社会理想。社会实现和谐，必须形成社会成员共同认可的价值目标和共同遵循的价值准则。“建设社会主义核心价值体系”这一重大命题和战略任务的提出正是构建社会主义和谐社会的必然要求。改革开放30年，中国经济飞速发展。然而，经济的发展并没有尽如人意地带来社会的和谐。相反，一定程度上使中国社会的发展经受了文化价值观念的剧烈碰撞与冲突。

改革意味的是一场深刻的革命。它带来经济体制、社会结构、利益格局的深刻变革。人们思想活动的独立性、选择性、差异性增强，价值取向多元化。人们面对同一事物和现象时做出的道德评价和价值评价，越来越呈现出模糊性和不确定性，对与错、真与伪、美与丑辨识不清，社会出现“价值混乱”现象。在物质财富增长和消费中失去了对人的终极关怀和终极信仰，迷失了“精神家园”，社会出现“价值失落”现象。过去，我们在市场经济建设中，过多地讲求效率优先，一味地追求经济增长，忽视了社会公正、民主法治、诚信友爱、人与自然和谐相处这些社会主义本身包含的价值理念，使得人们对中国特色社会主义建设事业、马克思主义在中国特色社会主义建设中的指导地位产生怀疑、困惑和动摇，社会出现“价值疑惑”现象。而随着中国社会转型的逐步推进，改革攻坚的不断深入，价值失落、价值混乱、价值疑惑等现象的出现越来越凸显。这不断警示着我们：社会的和谐、民族的兴旺，仅靠经济发展是不够的，还必须依赖一种具有凝聚力的文化认同力量——核心价值观。社会主义核心价值体系，是凝聚和统一社会各阶层、各利益群体思想的有力武器，是构建和谐社会的现实要求，也是推动中国特色社会主义事业持续发展的必然要求。

第五节　对当前国际形势的理性回应

社会主义核心价值体系的提出，可以对当前国际形势作出理性回应。进入新世纪以来，世界在风云激荡中向人们呈现出了一幅崭新的面貌。就其基调而言，世界范围的主流还是和平与发展的。科技的不断进步、国与国之间的交往日益频繁，经济全球化已经成为一种趋势。随着改革开放的不断深入，我国在全球化过程中也发挥着重要作用，已经得到了国际社会的普遍认可。在这一背景下，我国的开放程度大为提高。这种开放，一方面有利于国家各项事业的发展，另一方面也使附加了文化倾向的商品涌入我国市场。这使一些青年人在行为方式上产生了崇外主义倾向。与此同时，以美国为首的西方国家利用其在经济和文化传播手段上的优势，也加强对我们的文化渗透，给我们社会主义文化建设带来了巨大挑战。

随着全球化的不断发展，人类社会的和平因素也在不断增加。但是，国际环境的复杂化局面还没有根本改变。正如胡锦涛同志在纪念中国人民抗日战争胜利60周年讲话中所说：“人类所处的这个星球依然很不太平，人类社会发展依然面临着严峻挑战。由领土、民族、宗教、资源等因素引发的武装冲突和局部战争连绵不断，恐怖主义危害依然严重;单极和多极的矛盾错综复杂；世界上还有许多国家的人民生活在贫困之中，发展面临重重困难；环境污染、重大传染病传播以及各种跨国犯罪给人类安全带来新的威胁。”这些问题的客观存在对于中国发展的和平环境造成了严重的威胁，是我们必须要认真重视的。这就迫切要求我们不断提高综合国力，在保证国家传统安全的同时，保护非传统领域中的安全，维护国家利益，为世界和平作出应有的贡献。因此，作为提高综合国力的重要一环，社会主义的文化建设也就具有了相当高的战略地位。社会主义核心价值体系的提出正是我国面对当前国际形势的符合逻辑的回应。

第十章　社会主义核心价值体系的具体践行

党的十七届四中全会明确提出，开展社会主义核心价值体系的学习教育。同时还指出："党员、干部模范学习与践行社会主义核心价值体系，是建设马克思主义学习型政党的重要任务。"这是我们党深刻总结执政60多年来意识形态建设的历史经验，这也是我们党为适应当前社会思想文化领域的新情况和新变化，着眼于巩固马克思主义指导地位、巩固全党全国各族人民团结奋斗共同思想基础，提出的一项重大战略举措。用马克思主义价值理论和党的价值观武装全党，教育人民，以中国特色社会主义共同理想激发活力，以爱国主义为核心的民族价值观和改革创新为核心的时代价值观来凝聚力量，以社会主义荣辱观来引领社会风尚，把中国特色社会主义核心价值体系融入社会主义精神文明建设的全过程。思想是行动的先导，只有用社会主义核心价值体系武装人、教育人，充分调动人的积极性、创造性，才能推进中国社会主义现代化的历史进程。只有坚持以社会主义核心价值体系引领各种社会思潮，尊重差异，包容多样，最大限度地形成社会思想共识，才能团结一切可以团结的社会力量，共同构建社会主义和谐社会。因此，我们应不断学习与践行社会主义核心价值体系，从而加快社会的发展，推动和谐社会的构建，实现中华民族的伟大复兴。

第一节　融入国民教育的全过程

谈及社会主义核心价值体系的学习与践行，应把社会主义核心价值体系融入国民教育的全过程。尤其是青少年，他们是祖国的希望、民族的未来。知识教育、价值教育和实践能力、创新能力的培养是青少年素质教育的主要方面。在小学、中学教育和教学过程中大力进行社会主义核心价值体系的教育。必须把社会主义核心价值体系的内容融入小、中学思想品德课程、语文、历史和地理以及自然学科课程教学过程之中。在大学教育和教学过程中，融入大学思想政治理论课程、哲学人文学科课程和社会科学、自然科学等学科课程之中。必须把社会主义核心价值体系教育的内容贯穿于整个青少年学生日常的思想道德教育活动之中。校园文化建设活动过程中也应如此。同时，还应贯穿于学校各项管理过程中，通过教书育人、管理育人和服务育人等途径，引导和帮助青少年学生树立正确的价值观和人生观，引导学生树立中国特色社会主义共同理想，不断增强青少年学生对中国共产党领导、社会主义制度、改革开放事业、全面建设小康社会、构建社会主义和谐社会目标的信念和信心。

第二节　融入精神文明建设的全过程

从本质上讲，社会主义核心价值体系建设的主体是全体人民群众。建设社会主义核心价值体系必须遵循群众广泛参与、共建共享的原则要求。就是说，建设社会主义核心价值体系应当以人民群众为本、使人民群众参与、让人民群众得益，确保广大群众能够在参与精神文明创建活动中耳濡目染、心领神会，真切地感受其可信可用。在具体工作中，通过创建文明城市、文明村镇、文明行业、文明单位及推荐评选道德模范等活动，把社会主义核心价值体系建设的内容同创建活动的内容有机地结合起来。在城市，积极动员广大群众参与到争创文明城市、文明社区、文明市民活动中去，达到促进家庭和美、邻里和睦、社区和谐的目的；在行业，把争创文明行业活动作为广大职工社会主义核心价值观实践的重要载体，进一步建立完善社会服务承诺制，强化职业道德修养，培养爱岗敬业精神；在农村，通过动员广大农民积极参与争创文明村、文明户等活动，引导广大农民群众自觉破除陈规陋习，移风易俗，养成科学、文明、健康的生活方式。通过这些活动，反映中国特色社会主义的理想追求，反映社会主义和谐观、荣辱观，伸张社会正义，树立文明新风，折射社会主义核心价值体系的本质要求，将社会主义核心价值体系融入到精神文明建设中，不断提升国民素质。

第三节　融入日常生活，注重实践养成

一种价值体系要真正发挥作用，就必须融入社会生活，让人们在实践中感知它、领悟它。离开了生活，离开了实践，再好的价值体系也只能是空中楼阁。推动社会主义核心价值体系，必须要同群众的日常生活紧密联系起来。立足基层、着眼实践、注重养成，引导群众从自己做起，从身边事情做起，从一点一滴做起，在落细、落小、落实上下功夫。

社会主义核心价值体系，既包含了追求知识、热爱科学的内容，也包含了在社会中立足和增强竞争力的各种品质要求。与人们渴望成功、实现人生价值的愿望和目标是完全一致的。因此，人们应结合自身的实际，在团结互助、诚实守信、艰苦奋斗等方面做出表率，树立良好的世界观、人生观和价值观。把社会主义核心价值体系作为个人道德修养的具体标准和基本要求。从我做起，从身边做起，从细微处做起，从现在做起。既要有崇高的理想信念，又要

有实际的行动；既要有高尚的道德情操和价值追求，又要有严格的自我约束，这样才能明荣辱、辨是非、扬正气。

社会主义核心价值体系需要融入到日常生活中。可以充分利用重大纪念日、民族传统节日等契机，组织多种多样的纪念活动、庆典活动，展示浓郁民族风格的传统节日，如春节、清明、端午、中秋等。这些传播于中华民族每个角落的各种民间信仰，内含着深厚的历史文化积淀，大都蕴含着中华传统美德，体现着广大人民群众的精神诉求。要把这些活动的文明涵义与社会主义核心价值体系的一脉相承、不断出新的关系加以昭示。在群众喜怒哀乐的情感释放过程中，显现社会主义核心价值体系的主导作用，让社会主义核心价值体系牢牢扎根于最广泛、最基础的群众思想道德土壤里。

社会主义核心价值体系需要融入到日常生活中。人们在日常生活中学习与践行的同时，应不断提升自身素养，在提升自身素养的同时，还应养成良好的行为习惯。在中国传统道德修养理论中，对于自省、改过、慎独等都非常重视，要求人们“日三省吾身”、“过则勿惮改”、“君子慎其独”。这些思想，在中国历史上产生了深远影响，它们也非常有力地促进了中华民族优秀道德传统的形成和发展。一位哲人曾说：“失去羞耻之心会使人陷入麻木，激发羞耻之心会使人改过向善。”不辨是非难处事，不知荣辱不成人。慎独、自省、知耻等良好的行为方式，对于人们思想道德素质的提升，起到了非常重大的作用。同时也有利于我国和谐社会的构建，有利于中国特色社会主义的建设。

第四节　借助大众传媒，营造良好氛围

媒体具有快速广泛地传播信息、集中公开地表达意见等特点。媒体是公众获取信息、交流意见的重要平台。媒体在组织和引导社会舆论方面有着特殊优势和作用。在我国，新闻媒体作为党和政府的喉舌，肩负着坚持正确导向、唱响主旋律、为改革发展稳定营造良好思想舆论氛围的责任。学习践行社会主义核心价值体系，要广泛借助大众传媒特别是新兴媒体的作用，扩大宣传阵地，增强宣传效果。其一，坚持正面宣传、及时宣传的原则。弘扬主旋律，用马克思主义舆论占领宣传阵地。要真实、客观、公正、及时地宣传马克思主义理论、国家法律法规、党的路线方针政策和社会新闻，力争在第一时间“发声”，掌握舆论引导的主动权。其二，坚持全方位渗透的原则，形成推进社会主义核心价值体系大众化的合力。要聚合理论战线、新闻战线、出版战线、文艺战线的工作者，各司其职、各尽所能、通力合作。“以科学的理论武装人，以正确的舆论引导人，以高尚的精神塑造人，以优秀的作品鼓舞人”。广大理论战线工作者要深入研究社会主义核心价值体系的文化底蕴、思想精髓和当代价值，发表一

批运用群众语言、为群众所喜闻乐见的通俗理论读物、文章、小册子。广大文艺战线工作者要贴近实际、贴近生活、贴近群众，努力感受改革开放和社会主义现代化建设实践的脉搏，感受改革创新、锐意进取的时代精神，感受人民群众的追求与愿望，创作一批遵循科学理论导向、富于鲜明特色、反映群众现实需求的优秀作品。以此来表现、丰富、激活社会主义核心价值体系，增强其吸引力、凝聚力、感召力和影响力。

总之，建设社会主义核心价值体系，事关社会主义意识形态的不断巩固，事关中国特色社会主义事业的长远发展。必须坚持不懈地用马克思主义中国化最新成果武装全党、教育人民，用中国特色社会主义共同理想来凝聚力量，用以爱国主义为核心的民族精神和以改革创新为核心的时代精神鼓舞斗志，用社会主义荣辱观引领风尚。只有这样，才能巩固全党全国各族人民团结奋斗的共同思想基础，才能激励全党全国各族人民满怀信心地投身到改革开放和社会主义现代化建设事业中。

建设社会主义核心价值体系，既是一个重大的现实课题，又是一项长期的历史任务。这需要全党全社会众志成城，共同努力。我们相信，随着全面建设小康社会的宏伟目标和中华民族伟大复兴的实现，社会主义核心价值体系必将放射出更加绚烂夺目的光芒！

案例：中国的改革开放，走过了辉煌的30年历程。当各类成功经验充分迸发、各种成熟模式竞领潮头之后，一座城市的悄然崛起，引发从领导层到新闻界乃至学术领域的广泛关注。人们带着一连串的问号走进南通，实地考察的过程让人备感震撼，不得不为南通的成功实践所折服，更不能不去认真解析、悉心借鉴这一独特的“南通现象”。

在精神文明建设过程中，南通始终保持与时俱进的精神状态，根据改革开放以来的社会变化，赋予精神文明典型以时代内涵，从而引导全市人民在公民道德建设中向深层次发展。“草莓书记”叶剑生则是推进现代化建设过程中不可多得的时代典型，在他身上集中体现了新的时期党员干部良好的政治素质和全心全意为人民的崇高品德，是实践“三个代表”的楷模。在海门市常乐镇培育村广阔天地中，他用他的真心、真情、真爱谱写了一曲共产党人无私奉献的赞歌。2004年，时任国家副主席的曾庆红专门前往培育村视察，早就听说过叶剑生事迹的他握着叶剑生的手，诙谐地说“我们见到真的叶剑生了”。本世纪初，在全社会高度重视未成年人思想道德建设过程中，南通又及时挖掘、推出了“知心奶奶”群体、南通中学难忘教育、通师二附情境教育等先进典型。其中，百年名校南通中学传承中华民族优良传统，不断创新德育，以学生为主体，以实践为主线，以塑魂为主旨的德育课程体系和育德模式经宣传后，在全国教育界产生了重大影响，成为全国加强未成年人思想道德建设的典型，其经验受到中宣部的充分肯定。

道德的魅力就在于它所具有巨大的感染力，道德行为应该为社会所关注，为人们所效法。南通在精神文明建设中，注重向道德典型推向社会，形成社会共同的价值指向，避免其陷入“孤芳自赏”的尴尬境地。根据不完全统计，南通在16年的文明新风典型评选活动中，共评选出300多名先进典型，其中90%以上是没有行政级别的“小人物”，还包括下岗人员、残疾人员等弱势群体，如失业不失志、身患绝症不忘奉献社会的青年女工田建凤。不同阶层先进典型的推广和树立，让不同阶层都能找到自己学习和模仿的榜样，充分地体现了马克思主义唯物史观的群众路线思想，坚持了社会主义和谐文化建设的正确性质和方向。

医生收受红包是当前社会的一个顽疾，也是医患关系中最敏感的问题，严重影响到和谐社会的建设。1995年，南通市第三人民医院挂出了“无红包医院”的牌子，后经市纠风办、卫生局近半年的明察暗访，正式将第三人民医院确认为“无红包医院”并为其授牌，成为全国首家由政府命名的无红包医院。经过11年的精心维护，南通市第三人民医院无一例病人反映其医务人员收受“红包”的属实举报，群众满意率一直保持在95%以上。2006年，南通市三院创建“无红包医院”的事迹被媒体广泛报道后，引起江苏省委领导的高度关注。2006年10月27日，江苏省委书记李源潮专门到第三人民医院进行调研时指出，“无红包医院”既体现了高效廉价的医疗服务，又体现了高尚的医德医风，树立了社会主义医疗服务行业的好风气好形象，是江苏省医疗卫生战线的一面旗帜，树立了市场经济条件下社会主义医疗服务行业的好形象，全省的医疗工作者都要向他们学习。

让小人物走上前台，需要的还不仅仅是发现。南通在培育精神文明典型中，注重在政治上维护他们的形象，在工作中努力为他们创造良好的发展环境，在生活上切实地为他们解决后顾之忧。通过组织的形式把为善群体和需要服务的群体连接起来，这是南通市在道德建设方面的重要创举。1998年创办江海志愿者服务站是这方面的典型。江海志愿者服务站成立后，一方面在社会上公开招募各个方面有特长的志愿者，另一方面面向社会接受服务对象，在小人物的为善热情和需要善行帮助的人群之间架起了一座连接的桥梁他们从身边的小事做起，从点点滴滴做起，并响亮地提出“有困难，请找我”的口号，让人民群众时刻感到善的温暖。江海志愿者服务站的成立，使小人物的善行由自发变为自觉，由个体行为变为群体行为。

“南通现象”起于社会主义精神文明建设，以群体效应提升城市文明度，结合地方特色形成了对精神文明建设的超越，也取得了丰硕的经济社会发展成果。“南通现象”为社会主义核心价值体系的构建提供了先进经验，“南通现象”与社会主义核心价值体系形成了和谐律动。

知识链接

“三个代表”重要思想

江泽民同志2000年2月25日在广东省考察工作时，从全面总结党的历史经验和如何适应新形势新任务的要求出发，首次对“三个代表”重要思想进行了比较全面的阐述。“三个代表”重要思想的主要内容是：中国共产党始终代表中国先进生产力的发展要求；中国共产党始终代表中国先进文化的前进方向；中国共产党始终代表中国最广大人民的根本利益。

八国联军侵华战争

八国联军侵华战争（1900—1901），近代列强参与国最多的侵华战争。列强为镇压中国人民的反抗斗争，瓜分中国，勾结在一起共同侵华。清政府甘心充当洋人的工具，签订了《辛丑条约》，中国半殖民地社会完全形成。

拜金主义

拜金主义是一种在近代兴起的价值观，持此观念的人认为“在社会上，无钱万万不能”、“金钱至上”，这种价值观被认为起源于资本主义鼓励人类追求自我物质利益的思想主张，而许多广告也被认为有助长社会整体拜金主义风气的作用。拜金主义经常引起许多批评，尤其被保守派的人士抨击为造成现代社会物欲横流、道德沦丧的象征之一。批评者认为，拜金主义者太过强调金钱的重要性，以致拜金主义者变得唯利是图，对许多事物经常只看得到表面，看不到其内涵，精神层面也极为空虚。然而也有人认为，追求更好、更富裕的生活是所有人类的本性，而拜金主义不过是在现代资本主义社会的风气下，人类此种本性的一种反映而已。

半殖民地半封建社会

封建社会在外来资本主义入侵下形成的一种社会经济形态。所谓半殖民地之“半”，指它在政治上经济上为外来的资本主义侵略势力所操纵，但尚有名义上的政府与微小的经济力量，外国列强还未直接行使统治。所谓半封建经济之“半”，指在外来侵略势力的冲击下，封建自然经济的基础开始解体，产生了发展资本主义的某些条件，近代资本主义工业开始出现，封建经济已不是唯一的经济形式。这样，就形成了半殖民地半封建社会。我国从1840年鸦片战争后到1949年就处于半殖民地半封建社会。

辩证法

辩证法是关于对立统一、斗争和运动、普遍联系和变化发展的哲学学说，源出希腊语“dialego”，意为谈话、论战的技艺，指一种逻辑论证的形式。现在用于包括思维、自然和历史三个领域中的一种哲学进化的概念，也用来指和形而上学相对立的一种世界观和方法论。

辩证唯物主义

辩证唯物主义，是马克思、恩格斯批判地吸取德国古典哲学——黑格尔的辩证法的“合理内核”和费尔巴哈唯物论的“基本内核”，在总结自然科学、社会科学和思维科学的基础上创立的系统科学的逻辑理论思维形式，是一种以马克思和恩格斯学说来研究现实的哲学方法，是用“辩证的观点”和“唯物论的观点”解释和认识世界的理论。一般认为“辩证唯物主义”和“唯物辩证法”在本质上是一致的。

辩证唯物主义的基本观点有：1.唯物主义认为，物质是第一性的，意识是第二性的。世界的本原是物质，世界的万事万物都是物质派生出来的。2.物质世界是按照它本身所固有的规律运动、变化和发展的。规律是客观的，是不以人的主观意志为转移的。

3.辩证的唯物主义观点是相对于机械唯物主义而言的，即将辩证法与唯物主义相结合。

不可知论

不可知论是一种唯心主义的认识论，认为除了感觉或现象之外，世界本身是无法认识的。它否认社会发展的客观规律，否认社会实践的作用。不可知论最初是由英国生物学家T.H.赫胥黎于1869年提出的。不可知论断言人的认识能力不能超出感觉、经验和现象的范围，不能认识事物的本质及发展规律。在现代西方哲学中，许多流派从不可知论出发来否定科学真理的客观性，否认认识世界的可能性或者否认彻底认识世界的可能性。

德国古典哲学

德国古典哲学一般是指康德、费希特、谢林、黑格尔和费尔巴哈的哲学，是代表西方近代哲学的最高阶段。它继承了由德国哲学家莱布尼茨代表的唯理主义倾向，同时又受到了苏格兰启蒙运动中著名哲学家休谟的经验主义和怀疑论的影响，此外，以莱辛、歌德为代表的启蒙运动文学也对德国古典哲学起到了相当程度的影响。（斯宾诺莎的宿命论思想有时也被认为是德国古典哲学的重要思想来源之一。）在这些思想的共同影响下，德国古典哲学家总结并探讨了一系列哲学上的重大问题，尽管他们中的多数经常被泛泛地认为是唯心主义者，但他们的主张却不是统一的。

康德是一个二元论者和不可知论者，他为了调和唯理主义和经验主义，提出了自己的批判哲学。费希特则持有一种主观唯心主义（后期也被认为倾向于客观唯心主义），谢林和黑格尔有时候被认为是客观唯心主义者，但事实上他们的意见是非常不同的。直到费尔巴哈以一种唯物主义的观点对黑格尔宏大的形而上学体系提出抨击，从而终结了德国古典哲学。

德国古典哲学具有抽象性和思辨性的特点，同时它也是马克思主义的三个理论来源之一。此外，它提出了包括认识论、本体论、伦理学、美学、法哲学、历史哲学以及政治哲学等领域的各种重大问题和范畴，标志着近代西方哲学向现代西方哲学的过渡。

邓小平理论

邓小平理论，是以邓小平同志为主要创立者、以建设有中国特色社会主义为主题的理论。邓小平理论是马克思主义与当代中国实际和时代特征相结合的新成果，是毛泽东思想的继承和发展，是当代中国的马克思主义，是马克思主义在中国发展的新阶段，是中国共产党获得的与前苏联模式不同的社会主义建设经验的理论总结，是党和人民实践经验和集体智慧的结晶，是中国共产党人建设有中国特色社会主义的行动指南。

邓小平民主与法制的理论

邓小平民主与法制的理论，是马克思主义民主与法制理论和中国社会主义民主和法制建设的具体实践相结合的产物，是依法治国、建设社会主义法制国家的理论基石和重要指导思想。民主是社会主义的本质要求，人民当家做主是社会主义民主政治的核心，是社会主义法制的依托，同时也是中国共产党始终不渝坚持的奋斗目标。在政治上发展民主并实现社会主义民主制度化、法制化，是政治体制改革的重要任务。

第二次工业革命

第二次工业革命，也称第二次科技革命，是指1870年至1914年的工业革命。其中西欧和美国以及1870年后的日本，工业得到飞速发展。第二次工业革命紧跟着18世纪末的第一次工业革命，并且从英国向西欧和北美蔓延。第二次工业革命以电力的大规模应用为代表，以电灯的发明为标志。

第二次鸦片战争

第二次鸦片战争（1856—1860），为扩大侵华权益，英法联合侵华，攻占了北京，进行野蛮的洗劫。清政府被迫再次大肆出卖国家权益，签订了《天津条约》和《北京条约》，使中国社会的半殖民地程度进一步加深了。

第二国际

第二国际，即“社会主义国际”，是一个工人运动的世界组织。1889年7月14日在巴黎召开了第一次大会，通过《劳工法案》及《五一节案》，决定以同盟罢工作为工人斗争的武器。组织后因第一次世界大战爆发而解散，其后伯尔尼国际成立并作为实体运作。第二国际所做出影响最大的动作包括宣布每年的5月1日为国际劳动节，宣布每年的3月8日为国际妇女节，并创始了八小时工作制运动。当今世界最大的政党组织“社会党国际”实际上为其延续，在二战后的1951年成立，成员均为原第二国际成员。

第一国际

第一国际，即国际工人联合会，1864年由英、法、德、意四国工人代表在伦敦开会成立，马克思代表德国工人参加该组织的工作，并逐渐用“科学社会主义”理论作为组织指导思想。由于会名太长，有时人们取它的第一个单词“International”代指，简称为“国际”，历史上即称为“第一国际”。1871年，第一国际法国支部参加并领导了巴黎公社运动。但是随着巴黎公社的失败，第一国际也日渐衰弱，1876年正式宣布解散。

俄国二月革命

俄国二月革命是1917年3月8日于俄罗斯发生的民主革命，是俄国革命的序幕。其即时结果就是沙皇尼古拉二世被迫退位，俄罗斯帝国灭亡。二月革命结束了封建专制的统治，之后出现了两个政权并立的局面，即资产阶级临时政府和苏维埃政权。后又因为临时政府的措施不当，爆发了十月革命。以列宁为首的苏维埃政权控制了局面。二月革命为俄国无产阶级反对资产阶级、争取社会主义的斗争创造了有利的条件。发生在第一次世界大战期间的二月革命的胜利，促进了欧洲各国被压迫人民和被压迫民族反对帝国主义战争、反对本国反动政府、争取民主权利和民族解放的革命运动的高涨。

封建主义

封建主义包括三个方面：一是指封建专制制度，包括政治、经济制度在内的整个社会制度；二是指意识形态；三是指以封建主义思想为指导，为建立或复辟封建专制制度而进行的活动。三者之间相互联系又相互区别，不能等同和混淆。也可以说，封建主义在经济上代表的是地方保护主义和部门主义；在政治上代表的是专制主义和宗法制度；在思想上代表的是纲常伦理、宗法意识和社会生活中的各种落后、愚昧现象、迷信思想和活动。包括制度、活动、思想三方面含义的封建主义，才能称之为完整意义上的封建主义。

个体经济

以生产资料个体所有和个体劳动为基础的经济。如小农经济、小手工业经济、个体商业等。原始社会解体时产生，存在于奴隶社会、封建社会、资本主义社会和社会主义社会，但从来没有成为独立的社会经济形态，而总是从属于占统治地位的经济。具有规模小、经营分散、经济不稳定等特点。在我国，经过社会主义改造，绝大部分个体经济已经转变为社会主义集体经济。但在社会主义国营经济和集体经济占绝对优势的前提下，在法律规定的范围内允许个体经济存在，作为社会主义公有制经济的补充。

工农联盟

工人阶级和农民在无产阶级政党领导下的革命联合。工人和农民的联盟是取得民主革命和社会主义革命的胜利，建设社会主义和实现共产主义的必要条件。人民民主专政的基础是工人阶级、农民阶级和城市小资产阶级的联盟，其中主要是工人和农民的联盟。我国的工农联盟是在中国共产党领导下，在长期的革命斗争中建立和巩固起来的，已经经历了两个阶段：第一阶段建立在土地改革的基础上；第二阶段建立在农业合作化的基础上。在四个现代化建设时期，工农联盟有了新的发展。巩固与发展工农联盟，是我国制定经济政策和社会政策的重要依据。

工业革命

工业革命，又称产业革命，是指资本主义工业化的早期历程，即资本主义生产完成了从工场手工业向机器大工业过渡的阶段。工业革命是以机器取代人力，以大规模工厂化生产取代个体工场手工生产的一场生产与科技革命。由于机器的发明及运用成为了这个时代的标志，因此，历史学家称这个时代为“机器时代”。

有人认为工业革命在1759年左右已经开始，但直到1830年，它还没有真正蓬勃地展开。大多数观点认为，工业革命发源于英格兰中部地区。1769年，英国人瓦特改良蒸汽机之后，由一系列技术革命引起了从手工劳动向动力机器生产转变的重大飞跃。随后自英格兰扩散到整个欧洲大陆，19世纪传播到北美地区。一般认为，蒸汽机、煤、铁和钢是促成工业革命技术加速发展的四项主要因素。在瓦特改良蒸汽机之前，整个生产所需动力依靠人力和畜力。伴随蒸汽机的发明和改进，工厂不再依河或溪流而建，很多以前依赖人力与手工完成的工作自蒸汽机发明后被机械化生产取代。

工业革命是一般的政治革命不可比拟的巨大变革，其影响涉及人类社会生活的各个方面，使人类社会发生了巨大的变革，对人类的现代化进程的推动起到了不可替代的作用，把人类推向了崭新的蒸汽时代。

供销合作社

供销合作社，简称供销社。由农民集资并在国家大力扶持下组织起来的集体所有的合作商业，是我国农村社会主义商业的一种形式。它的主要任务是收购和推销农副产品，组织农民开展多种经营，对农村供应农业生产资料和消费品。供销合作社一般按行政区划分，以乡建社，称为基层供销社，下设门市部和供销分店，县以上设有进行批发业务的各种专业公司。行政管理上，各县、省（自治区、直辖市）设立联合社，在中央，设中华全国供销合作总社。在统计上，供销合作社执行国家统计局和商业部联合制发的以社会商业为总体，以社会商业国内纯购进、社会商业国内纯销售、商品库存为主要内容的商品流转统计报表。

共产国际

共产国际，亦称“第三国际”，1919年3月2日至6日在列宁的领导下，在莫斯科召开了共产国际第一次代表大会。参加大会的有来自欧、亚、美洲21个国家的35个政党和团体的代表52人，通过了列宁起草的《共产国际宣言》、《共产国际行动纲领》等文件，宣告了共产国际的成立。共产国际在其存在的24年中，共召开过7次代表大会和13次执行委员会全会。共产国际在列宁领导期间，成绩比较显著。1924年1月，列宁去世后，共产国际出现了一些错误。总的来说，共产国际在宣传马克思列宁主义，团结各国无产阶级和被压迫民族，领导和推动无产阶级革命运动，促进亚非拉民族解放运动，反对帝国主义和法西斯主义，促进各国共产党的成长等方面起了重大的作用。

共产主义

共产主义是一种政治思想，主张消灭私有产权，并建立一个各尽所能、按需分配的生产资料公有制（进行集体生产）社会，而且是一个没有阶级制度、国家和政府的社会。在这一体系下，土地和资本财产为公共所有。其主张劳动的差别并不会导致占有和消费的任何不平等，并反对任何特权。在科学共产主义（马克思主义及其各流派）的理论中，它在发展上分两个阶段，初级阶段是社会主义，高级阶段是共产主义。通常所说的共产主义，指共产主义的高级阶段。

按照马克思主义理论（历史唯物主义），资本主义必将为共产主义所取代，这是不以人们的意志为转移的社会发展的历史规律。因随着工业革命后各种机械自动化生产所带来的高生产力，长期而言经济生产所需的人力将愈来愈少，在私有财产制度下绝大多数人将会失业，因此，社会若想继续和平发展就必须进入共产主义，将愈来愈少的工作量分配给各个工作的人，除了为兴趣而自愿长期工作的人之外，基本上多数人可减少许多工作时间就能维持日常生活。共产主义思想在实行上，需要人人有高度发达的集体主义精神，而这就要求社会生产力达到充分的发展和极度的发达。

共产主义社会

共产主义社会是一种社会形态，它是在生产资料公有制的条件下，在高度发达的社会生产力的基础上所实行的一种各尽其职、按需分配的劳动者自由联合的社会经济形态。

官僚资产阶级

官僚资产阶级，亦称“买办资产阶级”，一般指殖民地半殖民地国家中与政府勾结在一起的直接为帝国主义服务并为帝国主义所豢养的大资产阶级。官僚资产阶级是半殖民地半封建的旧中国的统治阶级。它适应帝国主义商品倾销、资本输出和掠夺资源的需要，凭借政权力量，出卖国家主权和民族利益，对无产阶级和劳动人民进行残酷的剥削和压迫，是帝国主义统治中国的代理人。

国家资本主义

国家资本主义是无产阶级国家能够加以限制和规定其活动范

围的资本主义。在中国既是把民族资本主义经济逐步改造成为社会主义国营经济的过渡形式，又是在全民所有制经济领导下，加速社会主义四个现代化建设的补充形式。

合作社经济

劳动群众为改变生活条件或生产条件而自愿建立的一种集体经济组织。主要形式有生产合作社、供销合作社、消费合作社、信用合作社等。在生产合作社中，劳动群众自愿入股，国家帮助贷款，劳动群众共同占有生产资料，互助合作，除少量收入实行按股分红外，基本实行按劳分配。它具有组织上的群众性、管理上的民主性和经营上的灵活性等特点，可以由劳动群众自愿集资建立，适合我国现阶段社会生产力的发展。

和平赎买

这是无产阶级夺取政权后，对资产阶级的生产资料通过和平方式并采取有偿办法实行国有化的政策。马克思、恩格斯、列宁都曾提出过在一定条件下对资本家进行赎买的思想。中国共产党从中国的国情出发，确定了对私人资本主义工商业实行和平赎买的政策，即通过国家资本主义方式，逐步把资本主义企业改造成社会主义企业。1953年，中华人民共和国正式提出对资本主义工商业进行社会主义改造过程中对利润分配的规定，也是对资本主义进行和平赎买的方法。和平赎买主要适用于国家资本主义的初、中级形式。目的是通过合作，达到将私营工商业引上国家资本主义的轨道。具体做法是私营企业每年的利润采取四分法（俗称“四马分肥”），即30%左右上交，作为国家所得税；10%—30%作为企业的公积金，用于扩大再生产；职工福利资金占5%—15%，用于举办职工福利事业和奖励生产上的先进职工；剩余的25%左右作为资本家的股息红利（包括董事、监事和经理及厂长的酬劳金）。赎买政策的实行，不但减少了资产阶级对社会主义改造的阻力，而且有利于逐步把资本家改造成为自食其力的劳动者。

环境友好型社会

环境友好型社会，就是全社会都采取有利于环境保护的生产方式、生活方式、消费方式，建立人与环境良性互动的关系。建设环境友好型社会，就是要以人与自然和谐相处为目标，以环境承载力为基础，以遵循自然规律为准则，以绿色科技为动力，倡导环境文化和生态文明，构建经济社会环境协调发展的社会体系，实现可持续发展。

十六届五中全会明确提出要建设资源节约型、环境友好型社会，是以胡锦涛为总书记的党中央紧密结合中国国情，借鉴国际先进发展理念，着力解决中国经济发展与资源环境矛盾的一项重大战略决策，对于全面落实科学发展观，不断提高资源环境保障能力，实现国民经济又快又好发展具有重要意义。

货币

货币是用作交易媒介、储藏价值和记账单位的一种工具，是专门在物资与服务交换中充当等价物的特殊商品。既包括流通货币，尤其是合法的通货，也包括各种储蓄存款。在现代经济领域，货币的领域只有很小的部分以实体通货方式显示，即实际应用的纸币或硬币，大部分交易都使用支票或电子货币。货币区是指流通并使用某一种单一的货币的国家或地区。不同的货币区之间在互相兑换货币时，需要引入汇率的概念。

机会主义

机会主义，也称投机主义，指为了达到自己的目标不择手段的做法，突出的表现是不按规则办事，视规则为腐儒之论，其最高追求是实现自己的目标，以结果来衡量一切，而不重视过程。如果它有原则的话，那么它的最高原则就是成王败寇。机会主义也可指工人运动或无产阶级政党内部出现的违背马克思主义根本原则的思潮、路线。它是资产阶级或小资产阶级思想的反映。机会主义有两种表现形式：一种是右倾机会主义，另一种是“左”倾机会主义。

甲午中日战争

甲午中日战争（1894—1895），新兴的帝国主义国家日本为实现其“侵韩征华”的狂妄计划而发动的侵华战争。清政府被迫签订了反映列强瓜分世界、资本输出的侵略要求的《马关条约》，使中国社会半殖民地半封建化的程度大大加深了。

价值

价值，泛指客体对于主体表现出来的积极意义和有用性。可视为是能够公正且适当反映商品、服务或金钱等值的总额。在经济学中，价值是商品的一个重要性质，它代表该商品在交换中能够交换得到其他商品的多少，价值通常通过货币来衡量，称为价格。这种观点中的价值，其实是交换价值的表现。

根据新古典主义经济学（目前比较流行的一种经济学理论），物体的价值就是该物体在一个开放和竞争的交易市场中的价格，因此，价值主要取决于对于该物体的需求，而不是供给。有些经济学者经常把价值等同于价格，不论该交易市场存在竞争与否。而古典经济学则认为价值和价格并不等同。按照马克思主义政治经济学的观点，价值就是凝结在商品中无差别的人类劳动，即商品价值。马克思还将价值分为使用价值（给予商品购买者的价值）和交换价值（使用价值交换的量）。

价值规律

价值规律，亦称“价值法则”，是商品生产和商品交换的基本规律。其主要内容和客观要求是商品的价值量由生产商品的社会必要劳动时间决定，商品按照价值量相等的原则进行交换。在以货币为媒介的商品交换中，要求价格符合于价值。

价值量

商品的价值量是商品价值的大小，通常是单位价值量。商品的价值量不是由各个商品生产者所耗费的个别劳动时间决定的，而是由社会必要劳动时间决定的。商品是劳动产品，商品的价值是由劳动形成的，因而它的价值量要由生产商品所耗费的劳动时间来衡量。在其他条件不变的情况下，商品的价值量越大，价格越高；商品的价值量越小，价格越低。若其他因素不变，单位商品的价值量与生产该商品的社会劳动生产率成反比。价值决定价格，价格是价值的货币表现，价值是价格的基础。

交换价值

交换价值指的是当一种产品在进行交换时，能换取到其他产品的价值。交换价值在马克思的学说中，是物品借着一种明确的经济关系才能够产生出的价值，也就是说，经济关系乃是交换价值的背景。交换价值只有在一个产品进行交换时，特别是产品作为商品在经济关系中出售及购买时，才具有意义。交换价值的根本属性是产品的使用价值，但是交换价值在商品交易中根据双方需求会发生较大的波动。例如，1升水在平时和旱季，其使用价值是一样的，但是交换价值的变化却很大。

教条主义

教条主义是主观主义的一种表现形式，亦称本本主义。主要特点是从书本的个别定义、词句出发，不从实际出发。无产阶级革命队伍中的教条主义者，不把马克思列宁主义当作行动的指南，而是把它当作僵死的教条和不变的公式，到处生搬硬套。他们不愿做艰苦细致的调查研究工作，不肯动脑分析具体问题，反对理论和实践相结合，脱离实际，脱离群众。用这种思想方法指导工作，会给革命和建设事业带来严重危害。

阶级中的阶层

阶级中的阶层，通常指同一个阶级内，由于所处的经济地位不同而划分出的若干不同的层次。如根据生产资料的占有多寡不同，将资产阶级分为大资本家和中小资本家；旧中国是半殖民地半封建社会，资产阶级由于来源不同，依据对象不同，占有生产资料的方式不同，分为官僚资产阶级、买办资产阶级和民族资产阶级三个层次；土地改革时期，依据占有土地的多少和收入来源的不同，农民阶级曾被划分为雇农、贫农、下中农、中农、富裕中农几个层次。这些层次的划分有利于无产阶级更好地认识各阶级中的不同力量，进而采取不同的团结策略。知识分子是一个特殊的阶层，其阶级地位分属于它所服务的那个阶级。

解放思想

解放思想是指在马克思主义指导下打破习惯势力和主观偏见的束缚，研究新情况，解决新问题。解放思想就是使思想和实际相符合，使主观和客观相符合，就是实事求是。解放思想、实事求是是邓小平理论的哲学基础，它不是一个抽象空洞的哲学命题，而是以建设有中国特色社会主义和现代化建设为对象，是由实践到认识乃至理论的科学思想体系。解放思想不仅具有丰富的哲学理论性和文化思想性，更重要的是具有广泛的指导性和实践性。从实践到认识和从认识到实践的全过程，自始至终贯穿着马克思主义的立场、观点和方法。

经济危机

经济危机指的是一个或多个国家经济或整个世界经济在一段比较长的时间内不断收缩（负的经济增长率）。

科学发展观

科学发展观，是中共中央总书记胡锦涛在2003年7月28日的讲话中提出的“坚持以人为本，树立全面、协调、可持续的发展观，促进经济社会和人的全面发展”，按照“统筹城乡发展、统筹区域发展、统筹经济社会发展、统筹人与自然和谐发展、统筹国内发展和对外开放”的要求推进各项事业的改革和发展的一种方法论，也是中国共产党的重大战略思想。在中国共产党第十七次全国代表大会上写入党章，成为中国共产党的指导思想之一。

科学社会主义

科学社会主义是与空想社会主义相对而言的、关于社会主义的科学的理论体系、理论模型与实践模式。科学社会主义是人类一切文明成果的结晶。马克思、恩格斯运用辩证唯物主义的逻辑思维形式，在批判历代空想社会主义的基础上，以历史唯物主义的观点揭示和发现了人类社会发展的规律及当代资本主义经济运动的规律——剩余价值规律。马克思的这两个规律的发现使社会主义从空想变成了科学。科学社会主义是关于无产阶级解放斗争发展规律的科学，是一门政治科学，或者说是一门政治学。

可知论

可知论认为世界是可以为人所认识的，世界上只有尚未被认识的事物，不存在不能认识的事物。一切的唯物主义者都是可知论者，他们坚持物质第一性，意识第二性；彻底的唯心主义者也是可知论者，但他们坚持意识第一性，物质第二性。

空想社会主义

空想社会主义又称乌托邦社会主义，是产生于资本主义生产状况和阶级状况尚未成熟时期的一种社会主义学说，是现代社会主义思想来源之一。空想社会主义者相信在不久的将来可以建立理想的意识形态社会，并为之不懈努力奋斗。这种学说最早见于16世纪托马斯·莫尔的《乌托邦》一书，盛行于19世纪初期的西欧。空想社会主义者认为社会主义的理想社会应该建筑在人类的理性和正义的基础上，而这种社会至今还未出现，是由于人们不认识和不承认的缘故。他们觉得只要有天才掌握了这种思想，并推广开去，就能实现他们心中的理想社会。空想社会主义者反对资本主义，并认为资本主义的剥削制度是由于人类在道德和法律上犯了错误，背弃了人类的本性而产生的。

劳动力

劳动力，即人的劳动能力，指蕴藏在人体中的脑力和体力的总和。物质资料生产过程是劳动力作用于生产资料的过程。离开劳动力，生产资料本身是不可能创造任何东西的。但是，在物质资料生产过程中，劳动力发挥作用，除了必须具备一定的生产经验和劳动技能或科学文化知识外，还必须具备一定量的生产资料，否则，物质资料生产过程也是不能进行的。劳动者在生产过程中运用自己的劳动力和生产工具，作用于劳动对象，既可以创造出物质财富，也可以不断提高自己的劳动技能。

历史唯物主义

历史唯物主义是马克思主义哲学的重要组成部分，也被称为“唯物主义历史理论”或“唯物史观”。历史唯物主义为马克思和恩格斯所创立，以黑格尔的辩证法，结合费尔巴哈的唯物论，去解释人类历史演变的过程，并被列宁、毛泽东等人所发展，被认为是马克思主义的社会历史观和认识、改造社会的一般方法论。因其主要关注的是对历史规律的阐明，因而历史唯物主义可以归入历史哲学，具体地说是一种思辨的历史哲学。

历史唯物主义认为历史发展是客观的和有其特定规律的，其最基本的规律就是生产力决定生产关系，生产关系对生产力有反作用（可能促进或阻碍）。伴随着生产力的发展，人类社会会历经原始社会、奴隶社会、封建社会、资本主义社会、社会主义社会，最终走向共产主义社会。

马克思列宁主义

马克思列宁主义是马克思主义和列宁主义的统称。马克思主义是对马克思和恩格斯的观点和学说的总体称谓，是无产阶级及其政党的十分严整而彻底的世界观，是无产阶级开展解放运动的理论指导，是无产阶级根本利益的科学表现。列宁主义是帝国主义和无产阶级革命时代的马克思主义，是由列宁和他的战友在参加和领导俄国和国际工人运动的实践活动中，在同第二国际机会主义作斗争中，总结无产阶级新的历史经验和科学发展的新成果而形成的。它使无产阶级专政成为现实，使社会主义从科学的理论变成现实的社会制度。

马克思主义

马克思主义是马克思、恩格斯在19世纪工人运动实践基础上创立的理论体系。马克思主义主要以唯物主义角度编写而成。马克思主义理论体系包括三部分，即马克思主义哲学、马克思主义政治经济学、科学社会主义，分别是马克思、恩格斯受德国古典哲学、英国古典政治经济学、法国空想社会主义影响，并在此基础上创立的。马克思主义作为内涵丰富、外延无限的一整套严密的思想体系，我们可以从不同方面对其进行不同的定义。马克思主义从它的创造者、继承人的认识成果上讲，可以定义为：马克思主义是马克思、恩格斯创建的马克思主义者不断加以丰富发展的观点和学说的体系；从它的阶级属性讲，可以定义为：马克思主义是关于无产阶级和人类解放的科学，尤其是关于无产阶级斗争的性质、目的和条件的学说；从它的研究对象讲，可以定义为：马克思主义是一个内容极其丰富的、宏伟的、科学的理论体系，是关于自然、社会和思维发展普遍规律的学说，特别是关于资本主义发展和转变为社会主义，以及社会主义和共产主义发展普遍规律的学说。

马克思主义哲学

马克思主义哲学是关于自然、社会和思维发展的一般规律的科学，是唯物论和辩证法的统一，是唯物论自然观和历史观的统一。它是在继承和发展了德国的古典哲学，英国的古典政治经济学，英国、法国的空想社会主义下形成的马克思主义的三个组成部分之一。马克思主义哲学的主要理论来源是辩证法和唯物论，辩证唯物主义和历史唯物主义是马克思主义哲学的两大组成部分，实践概念是它的基础。

毛泽东思想

毛泽东思想是马克思列宁主义普遍原理和中国革命具体实践相结合的产物。它是以毛泽东同志为主要代表的中国共产党人运用马克思主义的立场、观点和方法，把中国长期革命和建设实践中的一系列独创性经验作了理论概括而形成的适合中国情况的科学的指导思想。它是马克思列宁主义在中国的运用和发展，是被实践证明了的适合中国革命和建设的正确的理论原则和经验总结，是中国共产党集体智慧的结晶。

孟什维克

孟什维克（俄文音译，意为少数派）是俄国社会民主工党中的一个派别。孟什维克由马尔托夫领导，主张信任群众行动的自发性，涵盖所有无产阶级民众的所有行动。1903年召开俄国社会民主工党第二次代表大会期间，以列宁为首的马克思主义者同马尔托夫等人在制定党章时发生尖锐分歧。大会在选举中央领导机关成员时，拥护列宁的人得多数票，称布尔什维克（意为多数派），马尔托夫等得少数票，称孟什维克。会后，孟什维克发展成为俄国社会民主工党内主要的右倾机会主义派别，其观点称为孟什维主义。

民族资产阶级

民族资产阶级是中国共产党在其阶级斗争的理论中创造出来的一个概念，指的是半殖民地半封建社会下，自身的经济发展与外国资本主义没有太多联系，资本相对于官僚资产阶级或买办资产阶级势力较弱的一类资产阶级团体。中华人民共和国国旗的其中一颗小星就代表着“民族资产阶级”。

南昌起义

1927年4月和7月，国民党蒋介石集团和汪精卫集团，先后在上海和武汉发动反革命政变，国共合作的大革命遭到失败。为挽救中国革命，中共中央决定举行武装起义。8月1日，周恩来、贺龙、叶挺、朱德、刘伯承等领导国民革命军2万余人在南昌起义，汪精卫急令张发奎、朱培德等部向南昌进攻。8月3日起，起义军分批撤出南昌，向广东进发，沿途多次打破国民党军的阻截，于9月下旬到达广东潮州、汕头。10月初，起义军进攻汤坑失利，部队大部分被打散。剩余部队一部分加入海陆丰地区的革命军队，一部分在朱德、陈毅率领下，转战闽粤赣湘边，最后保存下来的起义军约800人，参加了湘南起义，并于1928年4月到达井冈山革命根据地，同毛泽东领导的湘赣边界秋收起义部队会合。南昌起义打响了武装反抗国民党反动派的第一枪，标志着中国共产党独立地创造革命军队和领导革命战争的开始，8月1日也成了中国人民解放军的建军节。

农业生产合作社

农业生产合作社，亦称“农业合作社”，简称“农业社”，是新中国农民为共同发展农业生产，自愿联合组成的社会主义集体经济组织。我国的农业生产合作社，一般是在农业合作化运动中，以带有社会主义萌芽性质的农业生产互助组为基础而建立起来的。按照集体化程度的不同，可分为半社会主义性质的初级农业生产合作社和完全社会主义性质的高级农业生产合作社两种形式。

人民代表大会制度

人民代表大会制度，简称人大或人代会，是中华人民共和国的根本政治制度，是代表中国人民行使国家权力的国家机关，是中国人民民主专政政权的组织形式，是社会主义上层建筑的重要组成部分。人民代表大会制度是在中国共产党领导下，中国人民在长期革命斗争中创造和发展起来的。它既借鉴了巴黎公社“议行合一”的原则和苏维埃政权建设的经验，又是对革命根据地政权建设工作的经验总结。

人民民主专政

人民民主专政是在《中华人民共和国宪法》中使用的一个概念，由毛泽东提出，毛泽东说，“人民民主专政”即“人民民主独裁”。毛泽东对此的解释是：“剥夺反动派的发言权，只让人民有发言权。”在这个概念当中，“专政”没有被当作贬义词使用，中国共产党视之为适合中国特殊国情的政治架构形式。这是因为中国共产党和中华人民共和国始终代表最广大人民的根本利益，可以使用专制的方法来对待敌对势力以维持人民民主政权。中国共产党领导的人民民主政权在人民内部实行民主，逐步扩大社会主义民主，发展社会主义民主政治；对境内外敌对势力和犯罪分子实行专政。

人民群众

人民群众是共产党及马克思主义论述中常使用的基本概念，主要指阶级社会中从事生产的劳动群众和劳动知识分子的主体性角色。然而，人民群众是个具体的、历史的概念。它的具体性在于有质和量的规定性。从质的规定性上看，是指对历史发展起推动作用的一切人，但在不同的历史时期，其表现不同。人民群众概念所包含的内容和范围，是由革命的对象和任务所决定的，在社会发展的不同历史时期，随着革命对象和任务的变化而具有不同的内容，所以又说它是一个历史的概念。例如，在我国抗日战争时期，民族矛盾上升为主要矛盾，革命的对象和任务是把日本帝国主义赶出中国去。这时，一切抗日的阶级、阶层和社会集团都属于人民的范畴；汉奸、亲日派则是人民的敌人。在解放战争时期，美帝国主义和它的走狗即官僚资产阶级、地主阶级以及代表这些阶级的国民党反动派，都是人民的敌人；而一切反对这些敌人的阶级、阶层和社会集团，都属于人民。从量的规定性上看，人民群众是指一个社会的基本群众，是多数。不管历史情况发生怎样的变化，人民群众的主体和稳定部分，始终是从事物质资料生产的劳动群众和不剥削他人的脑力劳动者。

日本侵华战争

日本侵华战争（1931—1945），是近代持续时间最长的侵华战争，是20世纪上半叶日本发动的第二次侵华战争，给中国人民带来了沉重的灾难。而为了抵抗日本的侵略，国共两党合作抗日，取得了近百年来中国人民第一次反帝斗争的完全胜利。

商品

商品是一种用于满足购买者欲望和需求的产品。狭义概念中的商品是一种有形的物质产品，区别于无形的服务。就其本身而论，商品能以有形的方式交付给购买者，并且它的所有权也一并由销售者转移给了顾客。例如，苹果是有形的商品，相对而言，理发则是一种无形的服务。

商品拜物教

在马克思主义理论中，商品拜物教是资本主义市场社会中的社会关系的一种形态，其中社会关系体现为一种基于商品或货币的客体关系，主要表现为劳动商品化和异化。“商品拜物教”一词由马克思在《资本论》第一卷（1867年）中首创。马克思之所以用拜物教一词，可以解释为对工业社会“理性”、“科学”心态的嘲讽。在马克思的时代，这个词主要是用来形容原始宗教。商品拜物教意味着如此的原始信仰体系其实还留在现代社会的核心。依他的见解，商品拜物教是私有制在资本主义的社会关系中造成的幻影，它在资本主义社会的主流意识形态中占据中心地位。

社会必要劳动时间

社会必要劳动时间是与“个别劳动时间”相对而言的，指在现有的社会正常的生产条件下，在社会平均的劳动熟练程度和劳动强度下制造某种使用价值所需要的劳动时间。这里的“现有的社会正常的生产条件”是指现时某生产部门的平均生产条件，或大多数商品生产者所具有的生产条件，其中最主要是劳动工具的状况；这里的“平均的劳动熟练程度和劳动强度”是指中等水平或部门的平均劳动熟练程度和劳动强度。如生产一件上衣，各个商品生产者由于设备、技术熟练程度等差别，个别劳动时间从2小时到4小时不等，但一般用3小时的劳动就能生产出来，这3小时就是生产上衣的社会必要劳动时间，它随社会劳动生产率的提高而减少。另外，马克思在分析社会生产各部门之间按比例分配社会总劳动的必要性时，提出另一个意义上的社会必要劳动时间，是指满足社会对某种产品的需要而必须分配到某一部门去的那部分社会劳动时间，如社会需要10万双鞋，每双鞋需平均耗费社会劳动时间1小时，则生产鞋所需的社会必要劳动时间为10万小时。

社会主义

社会主义是一套经济体系和政治理论，主张或提倡公共或以整个社会作为整体，来拥有和控制生产资料（产品、资本、土地、资产等），其管理和分配基于公众利益。其提倡由集体或政府拥有与管理生产工具，分配物资。社会主义分为了诸多流派，从建立合作经济管理结构到废除等级制度以至于自由联合。作为一项政治运动，社会主义的政治哲学主张从改良主义到革命社会主义均有分布。如国家社会主义主张通过推动生产、分配和交换全方位的国有化来实现社会主义；自由社会主义倡导工人传统地控制生产方式，反对国家权力来进行管理；民主社会主义则通过民主化进程来寻求建立社会主义。

现代社会主义理论始于18世纪知识分子与工人阶级发起的批评工业化与私有财产对社会影响的政治运动。早期的空想社会主义者，诸如罗伯特·欧文曾试图建立一个自给自足并脱离资本主义社会的公社；而圣西门则创造了名词socialisme，提倡技术官僚与计划工业的应用。马克思和恩格斯共同设计创造了一个理想的社会制度，通过除去导致不合格与周期性生产过剩的无政府主义和资本主义生产，来允许广泛应用现代科技，从而将经济活动合理化。在19世纪初期，社会主义还只是表明关注社会问题；到了

19世纪末期，社会主义已经成为了建立基于社会共有的新体制的推动力，并站到了资本主义的对立面。

社会主义工业化

社会主义工业化就是原来经济比较落后的社会主义国家建立强大的现代工业，变落后的农业国为先进的工业国的过程。在我国，实现社会主义工业化，要求建成一个基本上完整的工业体系，使工业生产在社会生产中占主要地位，只有实现社会主义工业化，才能以先进的技术装备农业和国民经济各部门，迅速发展社会生产力，巩固和发展社会主义生产关系，建立独立的国民经济体系和强大的国防，壮大工人阶级力量，巩固工农联盟，加强人民民主专政。

社会主义和谐社会

社会主义和谐社会是人类孜孜以求的一种美好社会，是马克思主义政党不懈追求的一种社会理想。中外历史上都产生过不少有关和谐社会的思想。进入21世纪后，中共十六大和十六届三中全会、四中全会，从全面建设小康社会、开创中国特色社会主义事业新局面的全局出发，明确提出构建社会主义和谐社会的战略任务，并将其作为加强党的执政能力建设的重要内容。中共十六大报告第一次将“社会更加和谐”作为重要目标提出。中共十六届四中全会，进一步提出构建社会主义和谐社会的任务。根据马克思主义基本原理和中国社会主义建设的实践经验，根据新世纪新阶段中国经济社会发展的新要求和中国社会出现的新趋势、新特点，我们所要建设的社会主义和谐社会，应该是民主法治、公平正义、诚信友爱、充满活力、安定有序、人与自然和谐相处的社会。

社会主义核心价值体系

社会主义核心价值体系，其基本内容包括马克思主义指导思想、中国特色社会主义共同理想、以爱国主义为核心的民族精神和以改革创新为核心的时代精神、社会主义荣辱观。

社会主义精神文明

社会主义精神文明是中国共产党在新时期提出的一个马克思主义的新概念。邓小平同志高度重视精神文明建设，并把精神文明建设看作社会主义社会的重要特征之一。以邓小平同志为代表的当代中国共产党人，在改革开放和现代化建设过程中，创建了社会主义精神建设理论。这一理论集中体现在邓小平同志的一系列重要论述和党中央的一系列重要文献中，党的十二届六中全会上通过的《中共中央关于社会主义精神文明建设指导方针的决议》体现得尤其明显。

社会主义社会

社会主义社会，是一种社会形态，指用马克思主义理论指导，重视社会福利，采用财产公有制的，通常是共产主义政党专政、工人阶级领导的社会。按照马克思主义理论，社会主义社会是资本主义社会向共产主义社会的过渡性社会形态。

社会主义文化

社会主义文化是以科学发展为主题，以建设社会主义核心价值体系为根本任务，以满足人民精神文化需求为出发点和落脚点，以改革创新为动力，发展面向现代化、面向世界、面向未来的，民族的科学的大众的社会主义文化。

生产关系

生产关系是指在物质生产过程中形成的人们之间的社会关系，它集中体现了人们之间的物质利益关系。生产关系的内容包括人们在一定的生产资料所有制基础上形成的、在社会生产总过程中发生的生产、分配、交换和消费的关系。

生产力

生产力，又称“社会生产力”，是人们征服自然、改造自然、获得物质资料的能力。生产力和生产关系是社会生产不可分割的两个方面。生产力包括劳动者、劳动资料和劳动对象三大要素。

生产资料

生产资料，也称作生产手段，是马克思主义理论家认定的生产力三要素之一。生产资料主要指劳动者进行生产时所需要使用的资源和工具。一般包括土地、厂房、机器设备、工具、原料，等等。生产资料是生产过程中的劳动资料和劳动对象的总和，它是任何社会进行物质生产所必备的物质条件。

剩余价值

根据马克思主义理论，剩余价值是指从劳动者的劳动价值中剥削出来的利润（劳动价值和工资之间的差异），即“劳动者创造的被资产阶级无偿占有的劳动”。剩余价值概念是马克思主义政治经济学的核心概念，马克思主义政治经济学认为资本主义生产的实质就是剩余价值的生产，剩余价值规律是资本主义的基本经济规律，它决定着资本主义的一切主要方面和矛盾发展的全部过程，决定着资本主义生产的高涨和危机，决定着资本主义的发展和灭亡。

十月革命

十月革命（又称布尔什维克革命、俄国共产革命等），是

1917年俄国革命经历了二月革命后的第二个阶段。十月革命发生于1917年11月7日（俄历10月25日）。前苏联、中国等社会主义国家及组织普遍认为，十月革命是经列宁和托洛茨基领导下的布尔什维克领导的武装起义，建立了人类历史上第二个无产阶级政权（第一个是巴黎公社无产阶级政权）和由马克思主义政党领导的第一个社会主义国家——苏维埃俄国。革命推翻了以克伦斯基为领导的资产阶级俄国临时政府，为1918年—1920年俄国内战和1922年苏联成立奠定了基础。

实事求是

实事求是出自《汉书·河间献王刘德传》的“修学好古，实事求是”一句。毛泽东在《改造我们的学习》一文中，对这一古语作了新的解释，他说：“‘实事’就是客观存在着的一切事物，‘是’就是客观事物的内部联系，即规律性，‘求’就是我们去研究。我们要从国内外、省内外、县内外、区内外的实际情况出发，从其中引出其固有的而不是臆造的规律性，即找出周围事物的内部联系，作为我们行动的向导。而要这样做，就须不凭主观想象，不凭一时的热情，不凭死的书本，而凭客观存在的事实，详细地占有材料，在马克思列宁主义一般原理的指导下，从这些材料中引出正确的结论。”

使用价值

使用价值，是一切商品都具有的共同属性之一。任何物品要想成为商品都必须具有可供人类使用的价值；反之，毫无使用价值的物品是不会成为商品的，使用价值是物品的自然属性。马克思主义政治经济学认为，使用价值是由具体劳动创造的，并且具有质的不可比较性。比如，人们不能说橡胶和香蕉哪一个使用价值更高。使用价值是价值的物质基础，和价值一起，构成了商品二重性。

世界观

世界观，也叫宇宙观，是哲学的朴素形态。世界观是人们对整个世界的总的看法和根本观点。由于人们的社会地位不同，观察问题的角度也不同，就因而形成不同的世界观。哲学是世界观的理论表现形式。世界观的基本问题是精神和物质、思维和存在的关系问题，根据对这两者关系的不同回答，划分为两种根本对立的世界观基本类型，即唯心主义世界观和唯物主义世界观。

私有制

私有制，也叫所有制，相对于公有制的经济制度。在这种制度下生产资料进行个人或集体的排他性占有。私有制是剥削社会（以奴隶社会、封建社会、资本主义、特权主义和专制社会为代表）基本标志之一。

思想路线

思想路线就是认识问题、解决问题所遵循的方向、道路及基本方法。党的思想路线是指导政党实践活动的思维方式和原则。一定的思想路线是以一定的世界观和方法论为理论依据的。

四个现代化

四个现代化，即工业现代化、农业现代化、国防现代化、科学技术现代化。1954年召开的第一届全国人民代表大会，第一次明确地提出要实现工业、农业、交通运输业和国防的四个现代化的任务，1956年又一次把这一任务列入党的八大所通过的党章中。1964年12月第三届全国人民代表大会第一次会议上，中华人民共和国国务院总理周恩来根据中国共产党中央委员会主席毛泽东的建议，在代表中华人民共和国国务院向第三届全国人民代表大会所作的《政府工作报告》中首次提出，在20世纪内，把中国建设成为一个具有现代农业、现代工业、现代国防和现代科学技术的社会主义强国，并宣布了实现“四个现代化”目标的“两步走”设想。

四人帮

四人帮指王洪文、张春桥、江青、姚文元四人在文化大革命期间所结成的帮派。“四人帮”这一称谓最先由毛泽东于1974年1月初在对江青等人借“批林批孔”之机把矛头指向周恩来的批评中提出。“四人帮”成员早期是中央文革小组的重要成员，后全部进入中央政治局，并担任极其重要的职位。

统筹兼顾

统筹兼顾，就是要求我们在工作中要做到总揽全局、协调各方、统筹谋划、兼顾全面，充分调动一切积极因素，妥善处理各种利益关系，着力加强经济社会发展的薄弱环节。

万隆会议

万隆会议，又称第一次亚非会议，召开于1955年4月18日—4月24日，是部分亚洲和非洲的第三世界国家在印度尼西亚万隆召开的国际会议，也是亚非国家第一次在没有殖民国家参加的情况下讨论亚非事务的大型国际会议。万隆会议的主要目的是促进亚非国家之间的经济文化交流，并共同抵制美国与苏联的殖民主义和新殖民主义活动。以周恩来总理为首的中国代表团，坚持“求同存异”的方针，开展了卓有成效的工作，推动会议在和平共处五项原则基础上达成了“万隆十项原则”，作出了历史性贡献。

唯物史观

唯物史观即历史唯物主义。

唯物主义

唯物主义即唯物论，是一种哲学理论，肯定世界的基本组成为物质，物质形式与过程是我们认识世界的主要途径，持着“只有事实上的物质才是真实存在的实体”这一种观点，并且被认为是物理主义的一种形式。该理论的基础是，所有的实体（和概念）都是物质的一种构成或者表达，并且，所有的现象（包括意识）都是物质相互作用的结果，在意识与物质之间，物质决定了意识，而意识则是客观世界在人脑中的生理反应，也就是有机物出于对物质的反应。因此，物质是唯一事实上存在的实体。作为对现实世界的一种解释，唯物主义是唯心主义和心灵主义的一个对立面。

唯物主义有机械唯物主义和辩证唯物主义的区别，机械唯物主义认为物质世界是由各个个体组成的，如同各种机械零件组成一个大机器，不会变化；辩证唯物主义认为物质世界永远处于运动与变化之中，是互相影响、互相关联的。机械唯物论的代表人物是费尔巴哈，辩证唯物论的代表人物是马克思、恩格斯和列宁。

唯心主义

唯心主义即唯心论，又译作理念论、观念论，是哲学中对思想、心灵、语言及事物等彼此之间关系的讨论及看法。唯心论秉持世界或现实如同精神或意识，都是根本的存在。唯心论直接相对于唯物论，后者认为世界的基本成分为物质，我们对世界的认识主要是通过物质，并将其视为一种物质形式与过程。唯心论同时也反对现实主义的哲学观，后者认为在人类的认知中，我们对物体的理解与感知，与物体独立于我们心灵之外的实际存在是一致的。

马克思主义哲学则认为唯心论是哲学上的两大基本派别之一，是与唯物论对立的理论体系。唯心论在哲学基本问题上主张精神、意识的第一性，物质的第二性，也就是说，唯心论主张物质依赖意识而存在，物质是意识的产物的哲学派别，并认为可以区分为主观唯心论和客观唯心论两种基本类型。

文化大革命

无产阶级文化大革命，通称文化大革命，简称文革，是中华人民共和国始于1966年的一场重大政治运动，被广泛认为是自1949年建国至今最动荡不安的灾难性阶段，常被冠以“十年动乱”、“十年浩劫”、“文化浩劫”。

文革的指导思想来源于斯大林在《联共(布)党史简明教程》中讲到同布哈林右倾机会主义分子作斗争时，引证了列宁1919年说过的一段话：“消灭阶级要经过长期的、艰难的、顽强的阶级斗争。在推翻资产阶级政权以后，在破坏资产阶级国家以后，在建立无产阶级专政以后，阶级斗争并不是消失，而只是改变它的形式，在许多方面变得更加残酷。”毛泽东认为苏联的党和国家的领导被以赫鲁晓夫为首的修正主义者篡夺了。据此毛泽东提出的所谓“四个存在”理论，即“社会主义社会是一个相当长的历史阶段，在这个历史阶段中，始终存在着阶级、阶级矛盾和阶级斗争，存在着社会主义同资本主义两条道路的斗争，存在着资本主义复辟的危险性，存在着帝国主义和社会帝国主义进行颠覆和侵略的威胁。”在此基础上，毛泽东发展出在“无产阶级专政下继续革命的理论”。

文革自1966年5月16日开始，结束于1976年10月四人帮被粉碎。在1977年中共十一大上，中共中央主席华国锋正式宣布“文化大革命”结束。

文化大革命的指导思想和活动性质均在中国共产党第十一届六中全会于1981年6月27日一致通过的《关于建国以来党的若干历史问题的决议》中被正式否定，决议认为毛泽东应负上主要责任。该决议的正式表述是：“‘文化大革命’是一场由领导者错误发动，被反革命集团利用，给党、国家和各族人民带来严重灾难的内乱。”

乌托邦

乌托邦，也称理想乡，无何有之乡（源于《庄子》），是一个理想的群体对社会的构想，名字由托马斯·摩尔的《乌托邦》

一书中所写的完全理想的共和国“乌托邦”而来。意指理想完美的境界，特别是用于表示法律、政府及社会情况。托马斯·摩尔在书中虚构了一个大西洋上的小岛，小岛上的国家拥有完美的社会、政治和法制体系。这个词用来被描述成一种被称为“意向社群”的理想社会和文学虚构的社会。

无产阶级

根据马克思主义理论，无产阶级一词指不拥有生产资本，单纯靠出卖劳动力获取收入的劳动者。马克思主义理论把无产阶级划分为普通无产阶级和下层无产阶级。在实际使用的含义中，近似地等同于近代以来出现的，主要受雇于资本家，依靠雇佣工资生活的工人群体。在马克思的理论中，无产阶级是被资产阶级通过剥削其生产价值和工资之间的差异（剩余价值）以获得利润的对象，因此，其大多在生存水平线上挣扎，教育相对落后（除非有极佳的社会福利），直到难以生存时，便容易铤而走险，当人数够多时，便会起身革命，尝试推翻现有政府及资本家。在社会主义社会，工人阶级已摆脱了被剥削、被压迫的地位，成为掌握国家政权的领导阶级。

五四运动

五四运动发生于1919年5月4日，是一场发生于中国北京、以青年学生为主的学生运动，以及包括广大群众、市民、工商界人士等中下阶层广泛参与的一次示威游行、请愿、罢课、罢工、暴力对抗政府等多形式的爱国运动。事件起因在第一次世界大战完结后举行的巴黎和会中，列强肆意践踏中国主权，把德国在山东的权益转让给日本，即山东问题。当时北洋政府未能捍卫国家利益，在列强面前显得软弱，国人异常不满，从而上街游行表达不满。以学生斗争为先导的五四爱国运动由此爆发，运动迅速波及全国。6月3日起，运动的主力由学生转变为工人阶级，中国工人阶级开始以独立的姿态登上政治舞台，各地工人纷纷举行罢工抗议活动。五四运动是中国革命史上具有划时代意义的事件，标志着中国新民主主义革命的开端。

广义的五四运动则是指自1915年中日签订《二十一条》至1926年北伐战争之间，中国知识界和青年学生反思中国传统文化，追随“德先生”（民主）与“赛先生”（科学），探索强国之路的新文化运动的继续和发展。1924年4月19日，中国共产党中央局委员长陈独秀、秘书毛泽东联名发出通告，第一次要求各地党和团的组织开展“五一”、“五四”、“五五”、“五七”纪念和宣传活动，强调恢复国权运动、新文化运动，纪念五五（马克思诞辰），目的在于传播马克思主义。1939年八路军总政治部、中央青委发出《关于部队纪念“五四”青年节工作的指示》，明确指出中央青委决定每年5月4日为中国青年节。

小资产阶级

小资产阶级，指占有一定的生产资料或有少量财产的私有者，一般指不受他人剥削，也不剥削别人（或仅有轻微剥削），主要靠自己劳动为生的个体劳动者阶级。它在资本主义社会里是非基本的阶级，亦称为中间等级，主要包括农民、小手工业者、小商人、小业主等。作为劳动者，在思想上倾向于无产阶级；作为私有者，又倾向于资产阶级，极易受资产阶级思想的影响。因此，在反对封建主义的斗争中既具有革命性，同时也存在政治上的动摇性、斗争中的软弱性和革命的不彻底性。随着资本主义的发展，他们不断地向两极分化，大部分破产沦落为无产阶级或半无产阶级，小部分发财上升为资产阶级。

新民主主义

新民主主义，是中共领导人毛泽东提出的关于殖民地半殖民地国家的无产阶级领导民主革命的理论，曾经是毛泽东思想的核心内容。毛泽东当时认为在实行共产主义之前，必须先经过新民主主义这一过渡性的阶段，这一理论在毛泽东的《新民主主义论》（1940年1月9日陕甘宁边区）一文中有充分论述。《新民主主义论》的发表，不仅标志着毛泽东创立了完整的新民主主义革命理论，而且创立了全新的新民主主义社会理论。2月20日毛泽东在延安各界宪政促进会成立大会上的《新民主主义的宪政》中否定“由一党一派一阶级来专政”。后来，他在《论联合政府》、《论人民民主专政》等著作中又做了进一步阐述和发挥，使其更加系统和完整。然而，1953年毛泽东执政后却猛烈批判“确立新民主主义社会秩序”，明确放弃新民主主义。

形而上（学）

形而上出自《易经·系辞》，原文为“形而上者谓之道，形而下者谓之器”。用现代的思维讲，形而下就是指具体的器物（可以拓展到感性的事物），形而上就是指比较抽象的规律（包含做人做事的原则）。形而上是精神方面的宏观范畴，用抽象（理性）思维，形而上者道理，起于学，行于理，止于道，故有形而上者谓之道；形而下是物质方面的微观范畴，用具体（感性）思维，形而下者器物，起于教，行于法，止于术，故有形而下者谓之器。

形而上学（metaphysics，意为“物理学之后”）是哲学术语，哲学史上指哲学中探究宇宙根本原理的部分。马克思认为形而上学是指与辩证法对立的，用孤立、静止、片面的观点观察世界的思维方式。黑格尔把形而上学作为与辩证法相对立的一种机械教条的研究方法来批判，因此，形而上学也可以被表述成为教条主义。

以人为本

以人为本是科学发展观的核心，回答了为谁发展、靠谁发展的问题，指明了我国经济社会发展的价值取向和依靠力量。我们提出以人为本的根本含义，就是坚持全心全意为人民服务，立党为公、执政为民，始终把最广大人民的根本利益作为党和国家工作的根本出发点和落脚点，坚持尊重社会发展规律与尊重人民历史主体地位的一致性，坚持为崇高理想奋斗与为最广大人民谋利益的一致性，坚持完成党的各项工作与实现人民利益的一致性，坚持保障人民利益与促进人的全面发展的一致性，坚持发展为了人民、发展依靠人民、发展成果由人民共享。

哲学

哲学是研究范畴及其相互关系的一门学问。范畴涉及到一门学科的最基本研究对象、概念和内容，哲学具有一般方法论的功能。

中法战争

中法战争（1883—1885），法国以越南为跳板发动的对华侵略战争。由于清政府的腐败，在法国的逼迫下签订了《中法新约》，法国由此打开了中国西南的门户。

中国共产党全国代表大会

中国共产党全国代表大会是中国共产党的最高领导机关，在党内拥有最高决策权。《中国共产党章程》规定，每五年举行一次，由中央委员会负责筹办。中央委员会认为有必要，或者三分之一以上的省一级组织提出要求，全国代表大会可以提前举行，如无非常情况，不得延期举行。其职权是听取和审查中央委员会的报告；听取和审查中央纪律检查委员会的报告；讨论和决定党的重大问题；修改党章；选举中央委员会；选举中央纪律检查委员会。大会闭会期间，中央委员会执行全国代表大会的决议，领导党的全部工作，对外代表中国共产党。

中国特色社会主义共同理想

中国特色社会主义共同理想是社会主义核心价值体系的基本内容的一部分。即坚定对中国共产党的信任，坚定走中国特色社会主义道路，坚定实现中华民族的伟大复兴。

资本

资本，在经济学意义上，指的是用于生产的基本生产要素，即资金、厂房、设备、材料等物质资源。在金融学和会计领域，资本通常用来代表金融财富，特别是用于经商、兴办企业的金融资产。广义上，资本也可作为人类创造物质和精神财富的各种社会经济资源的总称。

资本主义

资本主义，也被称为自由市场经济或自由企业经济，其特色是个人或是企业拥有资本财产，且投资活动是由个人决策左右，而非由国家所控制，一般并没有准确之定义，不同的经济学家也对资本主义有不同的定义。一般而言，资本主义指的是一种经济学或经济社会学的制度，在这样的制度下绝大部分的生产资料都归私人所有，并借着雇佣或劳动的手段以生产资料创造利润。在这种制度里，商品和服务借由货币在自由市场里流通。投资的决定由私人进行，生产和销售主要由公司和工商业控制并互相竞争，依照各自的利益采取行动。

资产阶级

资产阶级是指占有社会生产资料并使用雇佣劳动的现代资本家阶级，其本质是以生产资料为手段无偿占有雇佣工人的劳动，是现代社会中的主要剥削阶级。

资源节约型社会

资源节约型社会是指在生产、流通、消费等领域，通过采取法律、经济和行政等综合性措施，提高资源利用效率，以最少的资源消耗获得最大的经济和社会收益，保障经济社会可持续发展。

自然经济

自然经济，也叫小农经济，是商品经济的对立面，是私有制经济的一种表现，是存在于市场范围比较小的一种经济形态，是社会生产力水平低下和社会分工不发达的产物。该种经济形态占统治地位的持续时间涵盖原始社会、封建社会以及早期的资本主义社会与半殖民地半封建社会。

宗派主义

宗派主义是指党内存在的一种以宗派利益为出发点的思想和行为，是封建宗派思想、资产阶级、小资产阶级思想在组织上的表现。主要表现为：在个人与党的关系上，把个人放在第一位，把党放在第二位，向党闹独立性；在组织上，任人唯亲，在同志中拉拉扯扯，把资产阶级的庸俗作风搬进党里来；在党内关系上，只强调局部利益，只要民主，不要集中，不遵守个人服从组织、少数服从多数、下级服从上级、全党服从中央的民主集中制原则，进行无原则的派别斗争；在和党外人士的关系上，妄自尊大，骄傲自满，不尊重人家，不学习人家的长处，不愿和人家合作等。

最低纲领、最高纲领

最低纲领通常指无产阶级政党在民主革命时期的奋斗目标。1922年中国共产党第二次全国代表大会制定的最低纲领是完成反帝反封建的民主革命。最高纲领通常指无产阶级政党的最终奋斗目标，即实现共产主义。

左倾、“左”倾、右倾

左倾是指政治上追求进步、同情劳动人民的倾向。

而带引号的“左”倾，则是政治思想上超越客观，脱离社会现实条件，陷入空想、盲动和冒险的倾向。所以，为了表示贬义，特在左字上添加了引号，即“左”倾，以区别于真正的左倾。在中国共产党的历史上，曾多次出现过“左”倾错误。新民主主义革命时期曾有三次：瞿秋白、李立三、王明的“左”倾冒险主义，甚至一度在党中央机关占据过统治地位。

右倾是指政治思想上，认识落后于实际，不能随变化了的客观情况变化、前进，甚至违背客观发展规律的倾向。右倾机会主义在政治斗争中往往放弃原则，牺牲无产阶级的根本利益而求得妥协，又叫右倾投降主义。

柏拉图

柏拉图（约前427—前347），古希腊伟大的哲学家，也是全部西方哲学乃至整个西方文化最伟大的哲学家和思想家之一。他和老师苏格拉底、学生亚里士多德并称为古希腊三大哲学家。柏拉图出身于雅典贵族家庭，青年时师从苏格拉底。苏格拉底死后，他游历四方，曾到埃及、北非、小亚细亚沿岸和意大利南部从事政治活动，企图实现他的贵族政治理想。公元前387年活动失败后，游历12年的柏拉图逃回雅典，在一所称为阿卡德米的体育馆附近建立了一所学园，此后执教40年，直至逝世。他一生著述颇丰，其教学思想主要集中在《理想国》和《法律篇》中。柏拉图是西方客观唯心主义的创始人，其哲学体系博大精深，对其教学思想影响尤甚。柏拉图认为世界由“理念世界”和“现象世界”所组成。理念的世界是真实的存在，永恒不变，而人类感官所接触到的这个现实的世界，只不过是理念世界的微弱的影子，它由现象所组成，而每种现象是因时空等因素而表现出暂时变动等特征。由此出发，柏拉图提出了一种理念论和回忆说的认识论，并将它作为其教学理论的哲学基础。

陈独秀

陈独秀（1879—1942），安徽怀宁人，思想家、政治人物，中国共产党的主要创建者之一及首任总书记。中国新文化运动的发起人，中国文化启蒙运动的先驱，创办了著名白话文刊物《新青年》，也是五四运动的精神领袖，中国共产主义运动的先行者，中国共产党创始人和早期领导人之一。他于1927年7月被共产国际剥夺中共党内领导职务。1929年因为在中东路事件中反对当时中共提出的“武装保卫苏联”的口号，被开除党籍。之后，陈独秀思想开始向托洛茨基靠近，对斯大林进行了批判，并于1931年成立中国托派组织。

邓小平

邓小平（1904—1997），本名邓希贤，参加革命后取名邓小平，1904年8月22日出生在中国西南最大的省——四川省的农村，是中国共产党第一代中央领导集体的重要成员和第二代中央领导集体的核心，是我国各族人民公认的享有崇高威望的杰出领导人。他在中国革命和建设的各个历史时期都作出了重大贡献，是杰出的马克思主义者和坚定的共产主义者，是中国改革开放和社会主义现代化建设的总设计师，是邓小平理论的主要创立者。

恩格斯

弗里德里希·冯·恩格斯（1820—1895），德国思想家、哲学家、革命家，全世界无产阶级和劳动人民的伟大导师，马克思主义的创始人之一。恩格斯是卡尔·马克思的挚友，被誉为“第二提琴手”，他为马克思从事学术研究提供了大量经济上的支持。在马克思逝世后，将马克思的大量手稿、遗著整理出版，并且成为国际工人运动众望所归的领袖。

伏尔泰

伏尔泰（1694—1778），原名弗朗索瓦·马利·阿鲁埃，伏尔泰是他的笔名。法国启蒙时代思想家、哲学家、文学家，启蒙运动公认的领袖和导师。伏尔泰是十八世纪法国资产阶级启蒙运动的旗手，被誉为“法兰西思想之王”、“法兰西最优秀的诗人”、“欧洲的良心”。他不仅在哲学上有卓越成就，也以捍卫公民自由，特别是信仰自由和司法公正而闻名。尽管在他所处的时代，审查制度十分严厉，伏尔泰仍然公开支持社会改革。他的论说以讽刺见长，常常抨击天主教教会的教条和当时的法国教育制度。伏尔泰的著作和思想与托马斯·霍布斯及约翰·洛克一道，对美国革命和法国大革命的主要思想家都有影响。

傅立叶

夏尔·傅立叶（1772—1837），法国著名哲学家，经济学家，空想社会主义者。傅立叶出身于商人家庭。他批评当时资本主义社会的一些丑恶现象，希望建立一种以法伦斯泰尔为基层组织的社会主义社会，在这里个人利益和集体利益是一致的。揭露资本主义的罪恶，主张建立一个社会主义社会，但幻想通过宣传和教育来实现。强调妇女解放，提出妇女解放的程度是人民是否彻底解放的准绳。

黑格尔

格奥尔格·威廉·弗里德里希·黑格尔（1770—1831），德国哲学家，出生于今天德国西南部巴登-符腾堡首府斯图加特。18岁时，他进入蒂宾根大学学习，在那里，他与荷尔德林、谢林成为朋友，同时，为斯宾诺莎、康德、卢梭等人的著作和法国大革命深深吸引。许多人认为，黑格尔的思想，象征着了19世纪德国唯心主义哲学运动的顶峰，对后世哲学流派，如存在主义和马克思的历史唯物主义都产生了深远的影响。更有甚者，由于黑格尔的政治思想兼具自由主义与保守主义两者之要义，因此，对于那些因看到自由主义在承认个人需求、体现人的基本价值方面的无能为力，而觉得自由主义正面临挑战的人来说，他的哲学无疑是为自由主义提供了一条新的出路。1807年，黑格尔出版了第一部作品《精神现象学》。《精神现象学》是一段伟大的概念旅程，带领我们从最基本的人类意识概念，走向最包罗万象而复杂的人类意识概念。

李大钊

李大钊（1889—1927），字守常，河北乐亭人，中国共产党主要创立人之一，中国最早的马克思主义者和共产主义者之一，是中国国民党第一届中央执行委员会委员之一，也是在北伐时期推翻北洋军阀政府的要员之一，同时是共产国际的成员及其在中国的代理人。1927年被捕后遭张作霖处决。李大钊在中国共产主义运动和民族解放事业中，占有崇高的历史地位。

列宁

列宁（1870—1924），原名弗拉基米尔·伊里奇·乌里扬诺夫，列宁是他的笔名。列宁是无产阶级革命家、政治家、思想家、理论家，布尔什维克党创立者、苏联缔造者，任苏联人民委员会主席。他继承和发展了马克思主义，形成了列宁主义理论。他被全世界共产主义者广泛认同为“全世界无产阶级和劳动人民的伟大革命导师和领袖”，也被世人认为是20世纪最伟大的人物之一。俄罗斯国家电视台2008年进行了一项关于国内最伟大历史人物的网上民意调查评选活动，经过统计，列宁位列第六，位于亚历山大·涅夫斯基、斯托雷平、斯大林、普希金、彼得大帝之后。

罗莎·卢森堡

罗莎·卢森堡（1871—1919），国际共产主义运动史上杰出的马克思主义思想家、理论家、革命家，德国社会民主党和第二国际左派领袖，被列宁誉为“革命之鹰”。在反对资本主义、修正主义和帝国主义世界大战的暴风骤雨中，始终英勇斗争，不畏强暴，展现了高度的革命乐观主义精神。1871年3月5日，出生于俄国占领下的波兰扎莫希奇的一个犹太人家庭，她原是波兰立陶宛王国社会民主党理论家。1898年移居德国柏林，并加入德国社会民主党，是党内的社会民主理论家。1914年，当德国社会民主党宣布支持德国参与第一次世界大战时，她和卡尔·李卜克内西合作成立马克思主义革命团体“斯巴达克同盟”，与社民党内以艾伯特为代表的右倾势力斗争。该组织于1919年1月1日转为德国共产党。1918年11月，在德国革命期间，她创办了《红旗报》，作为左翼的中央机构。1915年—1918年间被多次关押。罗莎·卢森堡起草了德国共产党党纲。她认为1919年1月柏林的斯巴达克起义是一个错误，但起义开始后她还是加以支持。当起义被自由军团镇压时，卢森堡、李卜克内西与其他数百位支持者被逮捕，遭到严刑拷打并被杀害。

马克思

卡尔·亨利希·马克思（1818—1883），马克思主义的创始人，第一国际的组织者和领导者，全世界无产阶级和劳动人民的伟大导师、政治家、哲学家、经济学家、革命理论家。主要著作有《资本论》、《共产党宣言》。他是无产阶级的精神领袖，是当代共产主义运动的先驱，支持他理论的人被视为马克思主义者。马克思最广为人知的哲学理论是他对于人类历史进程中阶级斗争的分析。他认为几千年以来，人类发展史上最大的矛盾与问题就在于不同阶级之间的利益掠夺。依据历史唯物论，马克思曾大胆地假设，资本主义终将被共产主义所取代。

毛泽东

毛泽东（1893—1976），字润之（原作咏芝，后改润芝），笔名子任，湖南湘潭人。中国革命家、战略家、理论家、诗人，中国共产党、中国人民解放军和中华人民共和国的主要缔造者和领袖，毛泽东思想的主要创立者。从1949年到1976年，毛泽东是中华人民共和国的最高领导人。他对马克思列宁主义的发展、军事理论的贡献以及对共产党的理论贡献被称为毛泽东思想。毛泽东担任过的主要职务几乎全部称为“主席”，所以被尊称为“毛主席”。毛泽东被视为现代世界历史中最重要的人物之一，《时代》杂志将他评为20世纪最具影响的100人之一。

欧文

罗伯特·欧文（1771—1858），英国乌托邦社会主义者，也是一位企业家、慈善家。欧文在历史上第一次揭示了无产阶级贫困的原因，并从生产力的角度提出公有制与大生产的紧密关系，他晚年还提出过共产主义主张。他最著名的著作为《新社会观》、《新道德世界书》。罗伯特·欧文是历史上第一个创立学前教育机关（托儿所、幼儿园）的教育理论家和实践者。教育与生产劳动相结合，是欧文对人类教育理论宝库的一大贡献。他认为，要培养智育、德育、体育全面发展的一代新人，必须把教育与生产劳动结合起来。

圣西门

克劳德·昂列·圣西门（1760—1825），法国哲学家、经济学家、社会改革家、空想社会主义者。与实证主义创始人奥古斯特·孔德相熟，曾聘其为秘书。圣西门出身贵族，曾参加法国大革命，还参加过北美独立战争。他抨击资本主义社会，致力于设计一种新的社会制度，并花掉了他的全部家产。在他所设想的社会中，人人劳动，没有不劳而获，没有剥削，没有压迫。圣西门一生写了许多著作，但直到1825年4月发表的《新基督教》这部圣西门最后的著作，才标志着他创建的空想社会主义大厦的完成。

斯大林

约瑟夫·维萨里奥诺维奇·斯大林（1879—1953），苏联共产党中央总书记、苏联部长会议主席、苏联大元帅，是苏联执政时间最长（1924—1953）的最高领导人，在任期间，全力进行社会主义工业化和农业集体化，使苏联成为重工业和军事大国，但同时也导致了乌克兰大饥荒。斯大林树立对自己的个人崇拜，实施大清洗，并对车臣等少数族裔进行压迫流放，严重破坏了民主和法制。第二次世界大战中领导苏联红军，与盟军协力击败轴心国，苏联领土也有了很大的扩张。战后他扶植了社会主义阵营，在冷战中与以美国为首的北约对峙。1953年3月5日因脑溢血去世。2008年，俄罗斯国家电视台举行了一次“最伟大的俄罗斯人”的评选活动，斯大林高居第三（四至六位分别是普希金、彼得大帝、列宁），仅次于亚历山大·涅夫斯基和斯托雷平。

苏格拉底

苏格拉底（公元前469—公元前399），古希腊著名的思想家、哲学家、教育家，他和他的学生柏拉图，以及柏拉图的学生亚里士多德被并称为“古希腊三贤”，更被后人广泛认为是西方哲学的奠基者。身为雅典的公民，据记载，苏格拉底最后被雅典法庭以引进新的神和腐蚀雅典青年思想之罪名判处死刑。尽管他曾获得逃亡雅典的机会，但苏格拉底仍选择饮下毒堇汁而死，因为他认为逃亡只会进一步破坏雅典法律的权威，同时也是因为担心他逃亡后雅典将再没有好的导师可以教育人们了。

孙中山

孙中山，本名孙文，谱名德明，字载之，号日新，又号逸仙，幼名帝象。中国近代民主主义革命先驱，中华民国和中国国民党创始人，三民主义的倡导者。首举彻底反封建的旗帜，“起共和而终帝制”。1905年成立中国同盟会。1911年辛亥革命后被推举为中华民国临时大总统。1929年6月1日，根据其生前遗愿，陵墓永久迁葬于南京钟山中山陵。1940年，国民政府通令全国，尊称其为“中华民国国父”。他是一位在海峡两岸都受到敬重的革命家，中华民国尊其为国父，中国国民党尊其为总理，毛泽东和中国共产党称孙中山为“中国近代民主革命的伟大先行者”。

亚里士多德

亚里士多德（公元前384—公元前322），古希腊斯吉塔拉人，世界古代史上最伟大的哲学家、科学家和教育家之一。是柏拉图的学生，亚历山大大帝的老师。公元前335年，他在雅典办了一所叫吕克昂的学校，被称为逍遥学派。马克思曾称亚里士多德是古希腊哲学家中最博学的人物，恩格斯称他是古代的黑格尔。作为一位最伟大的、百科全书式的科学家，亚里士多德对世界的贡献无人可比。他对哲学的几乎每个学科都作出了贡献。他的写作涉及伦理学、形而上学、心理学、经济学、神学、政治学、修辞学、自然科学、教育学、诗歌、风俗，以及雅典宪法。

《共产党宣言》

《共产党宣言》是无产阶级革命导师马克思、恩格斯受“共产主义者同盟”1847年12月伦敦第二次代表大会的委托，于1847

年11月—1848年1月间共同撰写的关于科学共产主义的第一个纲领性文献。它是国际共产主义运动的第一个纲领性文献，是一部划时代的光辉文献。《共产党宣言》以辩证唯物主义与历史唯物主义为理论基础，以阶级斗争为线索，解剖了资本主义制度，阐明了资本主义的发生、发展和必然灭亡的客观规律；阐明了无产阶级作为资本主义掘墓人和共产主义创建者的伟大历史使命；论证了无产阶级革命和无产阶级专政是无产阶级获得解放的唯一道路；批判了打着社会主义招牌的同科学共产主义相对立的各种流派的所谓理论；奠定了无产阶级政党的学说，并确立了党的战略、策略、原则。

《矛盾论》

《矛盾论》是毛泽东哲学代表著作，它是继《实践论》之后，为了克服存在于中国共产党内的严重的教条主义思想而写的。原是1937年7月—8月在延安抗日军事政治大学所讲的《辩证法唯物论》的第三章第一节。于1952年暂收入《毛泽东选集》第二卷，再版时移入第一卷。该书运用唯物辩证法总结了中国共产党领导中国革命斗争的实践经验，从两种宇宙观、矛盾的普遍性、矛盾的特殊性、主要矛盾和矛盾的主要方面、矛盾诸方面的同一性和斗争性、对抗在矛盾中的地位等方面，深刻地阐述了对立统一规律。

《人权宣言》

《人权宣言》，1789年8月26日颁布，是在法国大革命时期颁布的纲领性文件。《人权宣言》以美国的《独立宣言》为蓝本，采用18世纪的启蒙学说和自然权论，宣布自由、财产、安全和反抗压迫是天赋不可剥夺的人权，肯定了言论、信仰、著作和出版自由，阐明了司法、行政、立法三权分立，法律面前人人平等，私有财产神圣不可侵犯等原则。

《新青年》

《新青年》是在20世纪20年代中国一份具有影响力的革命杂志，在五四运动期间起到了重要作用。16开，每月1期，每6期为一卷。自1915年9月15日创刊号至1922年7月终刊共出版9卷54期。由陈独秀在上海创立，群益书社发行。由陈独秀、钱玄同、高一涵、胡适、李大钊、沈尹默以及鲁迅轮流编辑。自1918年后，该刊物改为同人刊物，不接受来稿。该杂志发起新文化运动，并且宣传倡导科学、民主和新文学。俄国十月革命后，《新青年》又成为宣传共产主义的刊物之一，后期成为中共早期的宣传刊物。

《中国社会各阶级的分析》

1925年毛泽东发表了《中国社会各阶级的分析》一文。他运用马克思主义的观点科学地分析了中国社会各阶级的经济地位和政治态度，辨明了中国革命的对象、领导力量、同盟军等中国革命的基本问题。他指出：“谁是我们的敌人？谁是我们的朋友？这个问题是革命的首要问题。”一切勾结帝国主义的军阀、官僚、买办阶级、大地主阶级以及附属于他们的一部分反动知识分子，都是我们的敌人；中国工人无产阶级是革命的领导力量；农民是中国无产阶级最广大和最忠实的同盟军；民族资产阶级是一个动摇的阶级，在对待革命的问题上有两面性，其右翼可能是我们的敌人，其左翼可能是我们的朋友，无产阶级要时常提防他们扰乱革命的阵线。毛泽东的这篇文章，提出了关于中国新民主主义革命的基本思想。

《资本论》

《资本论》是马克思的著作，以唯物史观的基本思想为指导，通过深刻分析资本主义生产方式，揭示了资本主义社会发展的规律，同时也使唯物史观得到了科学的验证和进一步的丰富发展。《资本论》运用唯物史观的观点和方法，将社会关系归结为生产关系，将生产关系归结于生产力的高度，从而证明了社会形态的发展是一个不以人的意志为转移的自然历史过程。